डायरेक्ट सेलिंग

में

रहस्य की बात

डायरेक्ट सेलिंग

में

रहस्य की बात

सफलता शोर में नहीं समझ में छुपी होती है

डायरेक्ट सेलिंग में 15+ वर्षों का अनुभव व्यावहारिक प्रशिक्षण और सिस्टम आधारित सोच के समर्थक।

एम.पी. शर्मा

अस्वीकरण (Disclaimer)

यह पुस्तक लेखक के व्यक्तिगत अनुभव, अध्ययन और डायरेक्ट सेलिंग से संबंधित सामान्य ज्ञान पर आधारित है। इस पुस्तक का उद्देश्य किसी विशेष company, संस्था या brand का प्रचार या समर्थन करना नहीं है। पुस्तक में व्यक्त विचार लेखक के निजी अनुभव और समझ पर आधारित हैं। पाठकों से अनुरोध है कि किसी भी व्यवसाय या निर्णय को अपनाने से पहले स्वयं उचित जानकारी प्राप्त करें और अपने विवेक का उपयोग करें।

समर्पण

यह पुस्तक समर्पित है — उन सभी साधारण लोगों को, जिन्होंने असाधारण सपने देखे। उन संघर्षरत साथियों को, जो कई बार गिरने के बाद भी फिर खड़े होने का साहस रखते हैं। उन सच्चे लीडर्स को, जो परिणाम से पहले रिश्तों और मूल्यों को महत्व देते हैं। और उन परिवारों को, जो बिना पूरी समझ के भी हम पर भरोसा करते हैं और हमें आगे बढ़ने की ताकत देते हैं।

यह पुस्तक: संघर्ष, सीख और संकल्प तीनों को समर्पित है।

लेखक परिचय

एक साधारण और गरीब परिवार में जन्में लेखक ने अपनी शिक्षा केवल मैट्रिक तक पूरी की। जीवनयापन की जिम्मेदारियों ने उन्हें कम उम्र से ही मेहनत और संघर्ष का मार्ग चुनने पर मजबूर किया। फर्नीचर के काम में मज़दूरी से लेकर ठेले पर मूंगफली, चने, छोले-भटूरे, और जलेबी-कचौरी बेचने जैसे कई तरह का काम उन्होंने किया, ताकि परिवार का सहारा बन सकें और जीवन आगे बढ़ा सकें।

इन्हीं संघर्षों और अनुभवों के बीच उन्होंने डायरेक्ट सेलिंग की दुनिया में कदम रखा। लगातार 15 वर्षों की मेहनत, सीख और चुनौतियों से जूझने के बाद वे इस क्षेत्र में एक अच्छा मुकाम हासिल किये और आज डायरेक्ट सेलिंग से अच्छी आय अर्जित कर रहे हैं।

लेखक की यह किताब न केवल उनके व्यक्तिगत अनुभवों का सार है, बल्कि डायरेक्ट सेलिंग में प्रवेश करने वाले नए लोगों के लिए एक स्पष्ट दिशा, व्यावहारिक समझ और मजबूत मार्गदर्शन भी प्रदान करती है। यह पुस्तक उन सभी पाठकों के लिए प्रेरणा-स्रोत है जो सीमित साधनों में भी बड़ा सपना देखने और उसे पूरा करने का साहस रखते हैं।

लेखक संदेश

प्रिय पाठक,

इस पुस्तक को लिखते समय मेरा उद्देश्य आपको प्रभावित करना नहीं, बल्कि **सच से परिचित कराना** है। डायरेक्ट सेलिंग के इस सफ़र में मैंने जो देखा, जो समझा और जो अनुभव किया वही इस पुस्तक की आत्मा है।

डायरेक्ट सेलिंग में अक्सर लोग बड़े सपने दिखाते हैं, लेकिन छोटे व सही कदमों की बात कम होती है। लोग परिणाम की बात करते हैं, लेकिन प्रक्रिया की नहीं। यह पुस्तक उसी खाली जगह को भरने का प्रयास है। यहाँ आपको कोई चमत्कारिक फ़ॉर्मूला नहीं मिलेगा, बल्कि वे **साधारण लेकिन असरदार तरीके** मिलेंगे, जो लंबे समय तक टिकाऊ सफलता देते हैं।

मेरा मानना है, कि डायरेक्ट सेलिंग तभी सफल होती है जब उसमें सम्मान हो, ईमानदारी हो, धैर्य हो, और सही मार्गदर्शन हो। इस पुस्तक में एडिफ़िकेशन, प्लान प्रेज़ेंटेशन, फॉलो-अप, टीम स्टार्टअप और लीडरशिप जैसे विषयों को इसलिए शामिल किया गया है, ताकि आप केवल बिज़नेस न करें, बल्कि **एक मजबूत टीम और सम्मानजनक पहचान** बना सकें।

यदि इस पुस्तक का एक भी विचार आपको गलत कदम से रोक दे, आपके शब्दों को बेहतर बना दे, या आपकी टीम के किसी साथी का भविष्य संवार दे, तो मैं यह समझूँगा की

मेरा प्रयास सफल रहा। इस पुस्तक को पढ़ने के लिए आपका धन्यवाद। आपकी सफलता की यात्रा में यह एक सच्चा साथी बने, यही मेरी शुभकामना है।

निवेदन:

यह पुस्तक किसी साहित्यिक प्रदर्शन के उद्देश्य से नहीं, बल्कि जीवन के वास्तविक अनुभवों और सीख को साझा करने के भाव से लिखी गई है। मैं कोई साहित्यकार नहीं हूँ, इसलिए संभव है कि कहीं-कहीं शब्दों या वाक्यों में व्याकरणिक त्रुटियाँ हों।

मेरा आग्रह है कि पाठक इन शब्दों के पीछे छिपे भाव, अनुभव और उद्देश्य को समझने का प्रयास करें, न कि केवल भाषा की शुद्धता को।

आपका:

एम.पी. शर्मा

प्रस्तावना

डायरेक्ट सेलिंग मेरे लिए केवल एक व्यवसाय नहीं रही, बल्कि एक जीवन–विद्यालय रही है। इस सफ़र में मैंने उत्साह भी देखा है, भ्रम भी, सफलता भी और निराशा भी। मैंने लोगों को बहुत जल्दी आगे बढ़ते भी देखा है और अच्छे लोगों को गलत तरीकों के कारण पीछे हटते भी।

समय के साथ एक बात साफ़ हुई कि डायरेक्ट सेलिंग में असफलता ज़्यादातर लोगों की क्षमता की नहीं, बल्कि सही समझ और सही प्रक्रिया की कमी की होती है।

इस पुस्तक "**डायरेक्ट सेलिंग में रहस्य की बात**" को लिखने का उद्देश्य यही है कि वह बातें आप तक पहुँचे, जो आमतौर पर साफ़ शब्दों में नहीं बताई जातीं। मंचों पर परिणाम दिखाए जाते हैं, लेकिन उनके पीछे की छोटी–छोटी सही आदतें, सही शब्द, सही व्यवहार और सही दृष्टिकोण अक्सर छूट जाते हैं।

डायरेक्ट सेलिंग में सफलता केवल यह नहीं है कि आप प्लान कितना अच्छा दिखाते हैं, बल्कि यह है कि —

- आप प्लान दिखाने से पहले विश्वास कैसे बनाते हैं।
- प्लान के दौरान सामने वाले को कितना सम्मान देते हैं।
- फॉलो-अप में कितना धैर्य रखते हैं।
- और टीम को शुरुआत में कितना सही मार्गदर्शन देते हैं।

इसीलिए इस पुस्तक में एडिफ़िकेशन, प्लान प्रेज़ेंटेशन, फॉलो-अप, टीम स्टार्टअप और लीडरशिप जैसे कई विषयों को केवल ज्ञान के रूप में नहीं, बल्कि व्यावहारिक कला के रूप में प्रस्तुत किया गया है। यहाँ आपको भाषण नहीं मिलेंगे, बल्कि वे तरीके मिलेंगे जिन्हें अपनाकर साधारण लोग भी असाधारण परिणाम बना सकते हैं।

यह पुस्तक नए साथियों के लिए एक सुरक्षित शुरुआत है, संघर्षरत लोगों के लिए दिशा-संकेत है, और अनुभवी लीडर्स के लिए आत्म-विश्लेषण का आईना है। इसमें कोई झूठे वादे नहीं हैं, कोई अतिशयोक्ति नहीं है — केवल वही बातें हैं जो लंबे समय तक सम्मान, स्थिरता और सफलता दिलाती हैं।

यदि आप डायरेक्ट सेलिंग को केवल तात्कालिक आय का साधन नहीं, बल्कि एक सम्मानजनक व्यवसाय, एक अनुशासित करियर, और एक दीर्घकालिक अवसर के रूप में देखना चाहते हैं, तो यह पुस्तक आपके लिए है।

इसे सिर्फ पढ़िए मत —

इसे समझिए, अपनाइए और अभ्यास में लाइए। क्योंकि असली सफलता का राज छिपा नहीं होता। बस सही तरीके से बताया नहीं जाता। और यही है — **डायरेक्ट सेलिंग में रहस्य की बात**।

आपका:

एम.पी. शर्मा

विषय - सूची

भाग 1: अच्छा बोलने व बढ़ाने की कला

भाग 2: प्लान दिखाने की कला

भाग 3: फॉलो-अप की कला

भाग 4: स्टार्टअप की कला

भाग 5: असरदार टीम लीडर कैसे बनें

भाग 1

अच्छा बोलने व बढ़ाने की कला

"विश्वास, सम्मान और प्रभाव, सफलता की पहली नींव।"

अध्याय 1

एडिफ़िकेशन क्या है

डायरेक्ट सेलिंग में बहुत से शब्द प्रचलित हैं, लेकिन उनमें से कुछ शब्द ऐसे हैं जिन्हें सबसे अधिक बोला जाता है और सबसे कम समझा जाता है। एडिफ़िकेशन भी उन्हीं शब्दों में से एक है। अक्सर यह देखा गया है कि लोग एडिफ़िकेशन को केवल किसी व्यक्ति की तारीफ़ करने या किसी लीडर को बड़ा दिखाने तक सीमित समझ लेते हैं। यही अधूरी समझ आगे चलकर संवाद को कमजोर बनाती है और परिणामों को प्रभावित करती है।

वास्तव में एडिफ़िकेशन केवल तारीफ़ नहीं है। यह एक सोच है, एक दृष्टिकोण है और सबसे बढ़कर एक व्यवहारिक कला है। एडिफ़िकेशन का उद्देश्य सामने वाले व्यक्ति के मन में विश्वास, सम्मान और जुड़ाव की भावना पैदा करना होता है। जब तक यह भावना नहीं बनती, तब तक प्लान, सिस्टम या अवसर केवल जानकारी बनकर रह जाते हैं।

सरल शब्दों में कहा जाए, तो एडिफ़िकेशन का अर्थ है किसी व्यक्ति, सिस्टम या प्रक्रिया के प्रति संतुलित और सच्चा सम्मान प्रस्तुत करना। इसका उद्देश्य यह दिखाना नहीं होता कि कोई व्यक्ति कितना बड़ा है, बल्कि यह दिखाना होता है कि जिस काम की बात की जा रही है, वह अनुभव, समझ और एक व्यवस्थित प्रक्रिया पर आधारित है।

इसे एक साधारण उदाहरण से समझा जा सकता है। जब कोई व्यक्ति पहली बार किसी नए अवसर के बारे में सुनता है, तो उसके मन में स्वाभाविक रूप से शंका होती है। यदि आप सीधे प्लान दिखाने लगते हैं, तो सामने वाला जानकारी तो सुन लेता है, लेकिन मन से जुड़ नहीं पाता। वहीं यदि आप

यह बताते हैं कि यह काम किस अनुभव और किस सोच के आधार पर किया जा रहा है, तो व्यक्ति का मन स्वतः ही गंभीर हो जाता है। यही एडिफ़िकेशन का वास्तविक प्रभाव है।

डायरेक्ट सेलिंग मूल रूप से विश्वास का व्यवसाय है। यहाँ न कोई दुकान होती है, न कोई काउंटर और न ही कोई ऐसा भौतिक आधार जिस पर तुरंत भरोसा किया जा सके। यहाँ भरोसा व्यक्ति से शुरू होता है, उसके शब्दों से मज़बूत होता है और फिर अवसर तक पहुँचता है। यदि व्यक्ति पर भरोसा नहीं बन पाया, तो प्लान कितना भी अच्छा क्यों न हो, वह असर नहीं कर पाता।

एडिफ़िकेशन वही सेतु है जो दो अनजान लोगों के बीच विश्वास की नींव रखता है। यह सामने वाले के मन में यह भावना पैदा करता है कि वह किसी अकेले व्यक्ति पर नहीं, बल्कि एक सोच, एक सिस्टम और एक प्रक्रिया पर भरोसा कर रहा है। यही भावना उसे जल्दबाज़ी के बजाय समझदारी से निर्णय लेने की ओर ले जाती है।

यह समझना भी ज़रूरी है कि एडिफ़िकेशन केवल किसी एक व्यक्ति तक सीमित नहीं होता। डायरेक्ट सेलिंग में यह अपने सीनियर या लीडर, कंपनी और उसके सिस्टम, काम करने की प्रक्रिया और समय व धैर्य इन सभी के प्रति किया जाता है। जब इन सभी का संतुलन सही ढंग से प्रस्तुत किया जाता है, तो संवाद प्रभावी बनता है।

नए लोगों में अक्सर यह डर होता है कि यदि उन्होंने अपने सीनियर या सिस्टम की बात ज़्यादा कर दी, तो उनका स्वयं

का महत्व कम हो जाएगा। वास्तव में ऐसा नहीं होता। सही एडिफ़िकेशन करने वाला व्यक्ति अधिक विश्वसनीय बनता है, क्योंकि सामने वाला यह समझता है कि वह व्यक्ति अनुभव और अनुशासन से जुड़ा हुआ है।

अंततः एडिफ़िकेशन का उद्देश्य किसी को बड़ा साबित करना नहीं, बल्कि सामने वाले के मन की शंकाओं को कम करना और उसे यह महसूस कराना होता है कि यह काम बिना सोच-समझ के नहीं, बल्कि एक ठोस आधार पर किया जा रहा है। जब यह भावना बन जाती है, तो आगे का संवाद स्वाभाविक और प्रभावी हो जाता है।

डायरेक्ट सेलिंग में यह हमेशा याद रखना चाहिए कि लोग केवल प्लान से नहीं जुड़ते, बल्कि प्लान दिखाने वाले की समझ और दृष्टिकोण से जुड़ते हैं। और उस समझ की पहली झलक सामने वाले को एडिफ़िकेशन से ही मिलती है।

अध्याय का सार

एडिफ़िकेशन डायरेक्ट सेलिंग में विश्वास और सम्मान की नींव है। यह केवल तारीफ़ नहीं, बल्कि एक ऐसी कला है जो संवाद को मज़बूत बनाती है और सामने वाले को सही निर्णय के लिए मानसिक रूप से तैयार करती है।

अध्याय का उद्देश्य

इस अध्याय का उद्देश्य यह स्पष्ट करना है कि एडिफ़िकेशन

क्या है और यह डायरेक्ट सेलिंग में क्यों आवश्यक है, ताकि आगे के सभी चरण मज़बूत आधार पर खड़े हो सकें।

अध्याय 2

एडिफ़िकेशन क्यों ज़रूरी है

डायरेक्ट सेलिंग में लोग अक्सर यह सोचते हैं कि प्लान दिखाना और सिस्टम समझाना ही पर्याप्त है। लेकिन वास्तविकता यह है कि जब तक सामने वाले के मन में भरोसा और सम्मान की भावना नहीं बनी, तब तक कोई प्लान असर नहीं करता। यही वजह है कि **एडिफ़िकेशन का महत्व सबसे पहले आता है**।

एडिफ़िकेशन क्यों ज़रूरी है, इसे समझने के लिए हमें यह जानना होगा कि डायरेक्ट सेलिंग **व्यक्तियों के बीच का व्यवसाय** है। यहाँ कोई दुकान या काउंटर नहीं होता, कोई रेडी-मेड ग्राहक भी नहीं होते। यहाँ सफलता **व्यक्ति के विश्वास और जुड़ाव** पर आधारित होती है।

जब आप किसी नए व्यक्ति से मिलते हैं, तो उसके मन में स्वाभाविक शंका होती है। वह सोचता है—"क्या यह अवसर सही है? क्या यह व्यक्ति भरोसे के योग्य है?" यदि आप बिना एडिफ़िकेशन के सीधे प्लान दिखाने लगते हैं, तो वह व्यक्ति केवल जानकारी ही प्राप्त करता है। उसका मन जुड़ता नहीं।

एडिफ़िकेशन वही सेतु है जो विश्वास की नींव रखता है। यह सामने वाले के मन से संदेह और डर को दूर करता है। यह उसे यह विश्वास दिलाता है कि इस व्यवसाय के पीछे **अनुभव, समझ और एक ठोस प्रणाली** है। जब यह आधार मजबूत होता है, तो व्यक्ति मानसिक रूप से निर्णय लेने के लिए तैयार होता है।

डायरेक्ट सेलिंग में एडिफ़िकेशन केवल व्यक्ति तक सीमित नहीं है। यह चार स्तरों पर किया जाता है:

1. **अपने सीनियर या लीडर का सम्मान** — ये सम्मान दिखाते हैं तो सामने वाले को यह पता चलता है कि यह व्यवसाय अकेले नहीं चल रहा। इसके पीछे समर्थन और अनुभव है।

2. **कंपनी और सिस्टम का सम्मान** — व्यवसाय केवल आपके प्रयास पर नहीं चलता। कंपनी का सिस्टम, उसके नियम और प्रक्रियाएं उसे मज़बूत बनाते हैं। सामने वाले को यह दिखाना ज़रूरी है कि यह अवसर एक स्थापित और प्रमाणित प्रणाली पर आधारित है।

3. **प्रक्रिया (Process) का सम्मान** — प्रक्रिया को समझना और उसका सम्मान करना यह दर्शाता है कि यह व्यवसाय योजना के अनुसार संचालित होता है। यह विश्वास पैदा करता है कि सफलता सिर्फ़ भाग्य पर नहीं, बल्कि सही तरीके से काम करने पर निर्भर करती है।

4. **समय और धैर्य का सम्मान** — सभी लोग तुरंत परिणाम चाहते हैं। यदि आप उन्हें यह दिखाते हैं कि इस व्यवसाय में **समय और धैर्य** का महत्व है, तो सामने वाला यह समझता है कि सफलता केवल त्वरित लाभ पर आधारित नहीं, बल्कि स्थिर और अनुशासित प्रयास पर आधारित है।

जब आप उपरोक्त सभी प्रकार के अनुभव और ज्ञान का सम्मान करते हैं, तो ये चार स्तर मिलकर एडिफ़िकेशन का

पूरा प्रभाव पैदा करते हैं। यदि किसी स्तर में कमी रह जाए, तो विश्वास कमजोर हो जाता है और प्लान का असर कम हो जाता है।

अधिकतर नए लोग यह भी मान लेते हैं कि यदि उन्होंने अपने सीनियर या सिस्टम की तारीफ़ कर दी, तो उनका स्वयं का महत्व कम हो जाएगा। वास्तविकता इसके विपरीत है। सही तरीके से किया गया एडिफ़िकेशन **आपकी विश्वसनीयता बढ़ाता है**। सामने वाला समझता है कि यह व्यक्ति अकेले नहीं है, बल्कि उसके पीछे अनुभव और एक ठोस प्रणाली मौजूद है।

एडिफ़िकेशन का मूल उद्देश्य किसी को बड़ा दिखाना नहीं है। इसका उद्देश्य यह है कि सामने वाला व्यक्ति सहज हो जाए, उसके मन में शंका कम हो और उसे यह अनुभव हो कि यह व्यवसाय **सही और समझदारी से संचालित** हो रहा है। जब यह भावना बन जाती है, तो आगे का संवाद स्वाभाविक और प्रभावी हो जाता है। सामान्यतः यह कहा जाता है कि लोग प्लान से नहीं जुड़ते, बल्कि **प्लान दिखाने वाले की समझ, दृष्टिकोण और व्यवहार** से जुड़ते हैं। यही कारण है कि एडिफ़िकेशन हर डायरेक्ट सेलिंग संवाद का पहला और सबसे महत्वपूर्ण कदम है।

अध्याय का सार

एडिफ़िकेशन विश्वास और सम्मान की नींव है। यह सामने वाले के मन से डर और शंका को कम करता है और उसे

मानसिक रूप से निर्णय लेने के लिए तैयार करता है। चार स्तर—लीडर, कंपनी, प्रक्रिया और समय। एक साथ मिलकर एडिफ़िकेशन को प्रभावी बनाते हैं।

अध्याय का उद्देश्य

इस अध्याय का उद्देश्य यह है कि **एडिफ़िकेशन क्यों ज़रूरी है**, और कैसे यह डायरेक्ट सेलिंग में सफल संवाद और स्थायी परिणाम की नींव रखता है।

अध्याय 3

प्लान दिखाने से पहले एडिफ़िकेशन

डायरेक्ट सेलिंग में सफलता केवल प्लान दिखाने की क्षमता पर निर्भर नहीं करती। असली सफलता **प्लान दिखाने से पहले की तैयारी और संवाद पर आधारित** होती है। यही कारण है कि **प्लान दिखाने से पहले एडिफ़िकेशन** करना अत्यंत आवश्यक है।

जब आप किसी नए व्यक्ति के पास जाते हैं, तो उसका मन पहले से ही शंका और जिज्ञासा से भरा होता है। यदि आप सीधे प्लान दिखाने लगते हैं, तो व्यक्ति केवल जानकारी ही ग्रहण करता है। उसे यह नहीं लगता कि वह किसी भरोसेमंद प्रणाली से जुड़ रहा है। इसलिए प्लान दिखाने से पहले एडिफ़िकेशन का काम है—**सामने वाले के मन में विश्वास, सम्मान और जुड़ाव पैदा करना।**

एडिफ़िकेशन की शुरुआत कैसे करें

सबसे पहले **सही सोच** ज़रूरी है। यह समझना कि आप किसी को मनाने नहीं जा रहे, बल्कि उसे अपने सिस्टम की जानकारी और मार्गदर्शन देने जा रहे हैं।

एक उदाहरण देखें:
यदि आप सीधे कहते हैं—
"मैं आपको इस प्लान के बारे में बताऊँगा।"
तो यह सामान्य जानकारी जैसा लगेगा।

लेकिन यदि आप कहते हैं—
"जिस लीडर ने मुझे यह व्यवसाय सिखाया, उसने मुझे हमेशा यह समझाया कि सफलता जल्दी में नहीं, सही

तरीके में है। उसी अनुभव और सिस्टम के अनुसार मैं आज आपको यह प्लान दिखाने जा रहा हूँ।"

इस वाक्य से सामने वाले को तीन बातें महसूस होती हैं:

1. यह काम अनुभव और प्रक्रिया पर आधारित है।
2. आप अकेले नहीं हैं, बल्कि पीछे समर्थन और प्रणाली है।
3. आपका उद्देश्य केवल उन्हें जोड़ना नहीं, बल्कि सिस्टम की जानकारी व मार्गदर्शन देना है।

यही **प्लान दिखाने से पहले एडिफ़िकेशन** का असली असर है।

एडिफ़िकेशन के प्रमुख तत्व

1. **अपने अपलाइन लीडर या सीनियर का सम्मान:** उनके अनुभव और मार्गदर्शन को सामने लाकर दिखाएँ कि यह व्यवसाय अकेले किसी व्यक्ति पर निर्भर नहीं है।
2. **कंपनी के स्थाई तंत्र और सिस्टम का सम्मान:** कंपनी का ढांचा, नियम और प्रक्रिया बताकर यह विश्वास दिलाएँ कि व्यवसाय में अनुशासन और स्थिरता है।
3. **प्लान की स्पष्टता व सही प्रक्रिया का सम्मान:** अवसर को समझाने से पहले प्रक्रिया के महत्व को

स्पष्ट करें। यह दिखाएँ कि सफलता भाग्य पर नहीं, बल्कि सही प्रयास और योजना पर निर्भर करती है।

4. **सफलता के लिए समय और धैर्य का सम्मान:** सामने वाले को बताएँ कि सफलता समय और धैर्य की मांग करती है। यह उन्हें जल्दबाज़ी से बचाता है और सही निर्णय लेने में मदद करता है।

सही तरीके से एडिफ़िकेशन करना

1. **आप साधारण और स्पष्ट भाषा का प्रयोग करें।** जटिल शब्द और लंबे वाक्य भ्रम पैदा करते हैं।
2. **अतिशयोक्ति और लालच भरे वादे देने से बचें।** झूठ या बड़ा दावा करने से विश्वास कमजोर होता है।
3. **सामने वाले व्यक्ति की प्रतिक्रिया पढ़ें।** उनके सवालों और भावनाओं को समझकर ही आगे बढ़ें।
4. **सामने वाले से भावनात्मक जुड़ाव बनाएँ।** शब्दों से अधिक प्रभाव आपके दृष्टिकोण और व्यवहार का होता है।

सामान्य गलतियाँ

- सीधे प्लान पर कूद जाना।

- अपने अनुभव या लीडर का उल्लेख न करना।
- जल्दी परिणाम की अपेक्षा दिखाना।
- सामने वाले की शंका को नजरअंदाज करना।

ये गलतियाँ व्यक्ति को मानसिक रूप से तैयार किए बिना निर्णय लेने के लिए बाध्य करती हैं। परिणामस्वरूप, प्लान का असर कम हो जाता है।

अध्याय का सार

प्लान दिखाने से पहले एडिफ़िकेशन, विश्वास और जुड़ाव की नींव रखता है। यह सामने वाले के मन से शंका और डर को कम करता है और उसे निर्णय लेने के लिए मानसिक रूप से तैयार करता है। सही तैयारी और सोच के बिना प्लान केवल जानकारी बनकर रह जाता है।

अध्याय का उद्देश्य

इस अध्याय का उद्देश्य यह है कि **प्लान दिखाने से पहले एडिफ़िकेशन क्यों आवश्यक है** और इसे कैसे सही ढंग से किया जाए ताकि संवाद प्रभावी और परिणाम स्थायी हों।

अध्याय 4

प्लान के दौरान एडिफ़िकेशन

डायरेक्ट सेलिंग में प्लान दिखाना केवल तथ्यों और आंकड़ों को प्रस्तुत करना नहीं है। असली कला यह है कि आप **प्लान के दौरान भी एडिफ़िकेशन** बनाए रखें। इसका मतलब है कि आप व्यक्ति के मन में विश्वास, सम्मान और जुड़ाव बनाए रखें, ताकि जानकारी असरदार तरीके से पहुँच सके।

जब आप किसी नए व्यक्ति को अवसर समझाते हैं, तो उसका मन कई सवाल और शंका से भरा होता है। यदि आप केवल प्लान के चरणों को बताते हैं और भावनात्मक जुड़ाव नहीं बनाए रखते, तो सामने वाला सिर्फ़ जानकारी लेता है, लेकिन निर्णय मानसिक रूप से तैयार होकर नहीं ले पाता।

प्लान के दौरान एडिफ़िकेशन के तरीके

1. **सामने वाले की बात भी सुनना और समझना**
   केवल बोलना पर्याप्त नहीं। सामने वाले की प्रतिक्रिया, सवाल और भावनाओं को समझना ज़रूरी है। उनकी शंकाओं और जिज्ञासाओं को नोट करें और प्लान समझाते समय उन्हें संबोधित करें।

2. **लीडर और सिस्टम का बार-बार संदर्भ देना**
   प्लान दिखाते समय लीडर और सिस्टम का उल्लेख करते रहें। उदाहरण के लिए—
   "हमारे लीडर ने इस चरण के महत्व को हमेशा बताया है। इसी अनुभव के आधार पर यह प्रक्रिया बनाई गई है।"

यह सामने वाले को भरोसा दिलाता है कि प्लान अकेले आपके निर्णय पर आधारित नहीं है।

3. **सकारात्मक भाषा और दृष्टिकोण**
प्रत्येक पॉइंट को सकारात्मक और स्पष्ट तरीके से पेश करें। नेगेटिव शब्द या अनिश्चितता सामने वाले में शंका पैदा कर सकती है।

4. **सामने वाले को बातचीत में संलग्न रखना**
बीच-बीच में सवाल पूछें, उनके अनुभव और राय जानें। इससे व्यक्ति खुद को संवाद का हिस्सा समझता है और जुड़ाव बढ़ता है।

5. **लोगों का व्यक्तिगत उदाहरण साझा करना**
अपने अनुभव या किसी टीम सदस्य के अनुभव का छोटा उदाहरण बताएं। यह दिखाता है कि प्लान केवल सिद्धांत नहीं, बल्कि वास्तविक अनुभव पर आधारित है।

6. **अपने सिस्टम की प्रक्रिया का स्पष्ट व्याख्या**
प्रत्येक चरण को समझाते समय यह बताएं कि यह चरण क्यों महत्वपूर्ण है। उदाहरण और परिणाम दिखाएँ।

आम गलतियाँ

- केवल आंकड़े और फायदे गिनाना।
- सामने वाले की शंकाओं को नजरअंदाज करना।

- जल्दी निर्णय लेने के लिए दबाव डालना।
- अतिशयोक्ति या झूठी तुलना करना।

इन गलतियों से एडिफ़िकेशन कमजोर होता है और प्लान का प्रभाव घटता है।

उदाहरण:

मान लीजिए आप किसी नए व्यक्ति को 10–10 मिनट के तीन चरणों में प्लान समझा रहे हैं।

प्रत्येक चरण के बाद आप निम्न बातें करें:

1. पूछें कि इसमें क्या अच्छा लगा।
2. किसी अनुभव का छोटा उदाहरण दें।
3. लीडर या सिस्टम का संक्षिप्त उल्लेख करें।
4. सकारात्मक प्रतिक्रिया और विश्वास बनाएँ।

इस तरह प्लान केवल सूचना देने वाला नहीं रहता, बल्कि प्रभावी और भरोसेमंद बन जाता है।

अध्याय का सार

प्लान के दौरान एडिफ़िकेशन, संवाद के प्रत्येक चरण में विश्वास और सम्मान बनाए रखता है। यह सामने वाले को मानसिक रूप से तैयार करता है, शंकाओं को कम करता है और निर्णय लेने की प्रक्रिया को सहज बनाता है।

अध्याय का उद्देश्य

इस अध्याय का उद्देश्य यह स्पष्ट करना है कि **प्लान के दौरान भी एडिफ़िकेशन क्यों आवश्यक है** और इसे कैसे बनाए रखा जाए ताकि जानकारी प्रभावी रूप से सामने वाले तक पहुँचे और निर्णय स्थायी हो।

अध्याय 5

फॉलोअप में एडिफ़िकेशन

डायरेक्ट सेलिंग में प्लान दिखाना महत्वपूर्ण है, लेकिन यदि **फॉलोअप** ठीक से नहीं किया गया, तो अधिकांश प्रयास बेकार हो जाते हैं। फॉलोअप का अर्थ केवल याद दिलाना या संपर्क बनाए रखना नहीं है। फॉलोअप में **एडिफ़िकेशन** बनाए रखना, विश्वास और जुड़ाव को मजबूत करने का सबसे प्रभावी तरीका है।

फॉलोअप का असली उद्देश्य सामने वाले को मानसिक रूप से निर्णय लेने के लिए तैयार करना है। यदि पहले आपने एडिफ़िकेशन सही तरीके से किया, तो फॉलोअप उस विश्वास को और गहरा करता है। यदि यह नहीं किया, तो व्यक्ति जानकारी तो ग्रहण करता है, लेकिन जुड़ाव और भरोसा कमजोर रह जाता है।

फॉलोअप में एडिफ़िकेशन के तरीके

1. **आप सकारात्मक बातचीत से शुरुआत करें**
   आप हर फॉलोअप कॉल या मीटिंग की शुरुआत सकारात्मक नोट से करें।

   उदाहरण:
   "मैं आपको फिर से इस अवसर की जानकारी देने आया हूँ क्योंकि यह हमारे सिस्टम और अनुभव पर आधारित है और मैं चाहता हूँ कि आप पूरी समझ के साथ निर्णय लें।"

2. **सीनियर और सिस्टम का सकारात्मक उल्लेख करें**

फॉलोअप में बार-बार लीडर और सिस्टम का उल्लेख करें। यह दिखाता है कि व्यवसाय अकेले आपके प्रयास पर नहीं, बल्कि एक ठोस और अनुभव-प्रधान प्रणाली पर आधारित है।

3. **समस्याओं और शंकाओं को ध्यान से पहचानें**
सामने वाले की शंका को समझें और उसे हल करने का प्रयास करें। कभी भी दबाव न डालें। फॉलोअप का उद्देश्य समाधान प्रदान करना है, न कि निर्णय के लिए मजबूर करना।

4. **सफल लोगों का संक्षिप्त उदाहरण साझा करें**
किसी टीम सदस्य या स्वयं के अनुभव का छोटा उदाहरण बताएं। यह सामने वाले को विश्वास दिलाता है कि प्रयास और प्रक्रिया वास्तविक और प्रभावी हैं।

5. **जल्दबाजी नहीं आप बिल्कुल धैर्य बनाए रखें**
फॉलोअप में सबसे महत्वपूर्ण तत्व है धैर्य। निर्णय समय ले सकता है। जल्दी में प्रतिक्रिया मांगने से विश्वास कमजोर होता है।

6. **सकारात्मक भाषा व सकारात्मक दृष्टिकोण**
हमेशा सकारात्मक और स्पष्ट भाषा का प्रयोग करें। नेगेटिव शब्द और अनिश्चितताएं सामने वाले में भ्रम पैदा करती हैं।

7. **सामने वाले से व्यक्तिगत जुड़ाव बनाए रखें**
फॉलोअप को केवल व्यवसायी वार्ता न बनाएं।

सामने वाले की परिस्थिति और मानसिक स्थिति को समझें और उसी के अनुसार संवाद करें।

आम गलतियाँ

- केवल याद दिलाना या दबाव डालना।
- सामने वाले की शंका को नजरअंदाज करना।
- झूठे दावे या अतिशयोक्ति करना।
- फॉलोअप में जल्दी निर्णय लेने के लिए मजबूर करना।

इन गलतियों से एडिफ़िकेशन कमजोर होता है और संवाद प्रभावहीन बन जाता है।

उदाहरण:

मान लीजिए आप पहले सप्ताह में दो बार फॉलोअप कर रहे हैं। प्रत्येक फॉलोअप में:

1. पिछले संवाद का संक्षिप्त उल्लेख करें।
2. लीडर और सिस्टम का सकारात्मक संदर्भ दें।
3. सामने वाले की शंकाओं को हल करें।
4. अनुभव और उदाहरण साझा करें।
5. अंत में धैर्यपूर्वक निर्णय के लिए समय दें।

इस तरह फॉलोअप प्रभावी, भरोसेमंद और परिणाम मिलने लायक बन जाता है।

अध्याय का सार

फॉलोअप में एडिफ़िकेशन विश्वास और जुड़ाव को बनाए रखता है। यह सामने वाले की शंका और डर को कम करता है, व सकारात्मक दृष्टिकोण बनाता है और निर्णय लेने की प्रक्रिया को सहज बनाता है।

अध्याय का उद्देश्य

इस अध्याय का उद्देश्य यह स्पष्ट करना है कि **फॉलोअप में एडिफ़िकेशन क्यों आवश्यक है** और इसे कैसे बनाए रखा जाए ताकि संवाद प्रभावी और परिणाम स्थायी हों।

अध्याय 6

टीम में एडिफ़िकेशन की भूमिका

डायरेक्ट सेलिंग में टीम का महत्व अत्यधिक होता है। किसी भी व्यवसाय की सफलता केवल व्यक्तिगत प्रयास पर निर्भर नहीं करती, बल्कि टीम के सामूहिक प्रयास और सहयोग पर आधारित होती है। और इसी टीम को मजबूत और एकजुट रखने का सबसे प्रभावी तरीका है। **टीम में एडिफ़िकेशन।**

टीम में एडिफ़िकेशन का अर्थ है कि प्रत्येक सदस्य, चाहे नया हो या अनुभवी, वह यह अनुभव करे कि उसके प्रयास का सम्मान किया जाता है और वह व्यवसाय के बड़े सिस्टम और अनुभव का हिस्सा है। यह विश्वास और जुड़ाव टीम के अंदर ऊर्जा और प्रेरणा का स्रोत बनता है।

टीम में एडिफ़िकेशन के प्रमुख कदम

1. सदस्यों के प्रयास का सम्मान

टीम में प्रत्येक सदस्य की भूमिका और योगदान को मान्यता देना आवश्यक है। उदाहरण के लिए, किसी नए सदस्य ने किसी ग्राहक को जोड़ा या किसी मीटिंग में सक्रिय भाग लिया इसकी सराहना करें। ये सराहना यह दिखाता है कि उनका प्रयास मूल्यवान है।

2. सीनियर और लीडर के अनुभव को साझा करना

टीम के सदस्यों को यह बताना कि व्यवसाय में निर्णय और प्रक्रियाएं सीनियर और लीडर के अनुभव पर आधारित हैं, उन्हें आत्मविश्वास देता है। इससे टीम का भरोसा बढ़ता है और निर्णय लेने की क्षमता मजबूत होती है।

3. सकारात्मक वातावरण बनाना

टीम में प्रत्येक सदस्य को सहज और सुरक्षित महसूस कराना ज़रूरी है। आलोचना केवल रचनात्मक और मार्गदर्शक होनी चाहिए। नकारात्मक व्यवहार टीम में भ्रम और असंतोष पैदा कर सकता है।

4. सफल अनुभव साझा करना

टीम में किसी के छोटे-छोटे अनुभव या सफलता की कहानियाँ साझा करना नए और पुराने सदस्यों को प्रेरित करता है। यह दिखाता है कि व्यवसाय केवल सिद्धांत पर नहीं, बल्कि वास्तविक अनुभव और प्रयास पर भी आधारित है।

5. समस्या समाधान में सहयोग

टीम में किसी समस्या का समाधान करते समय सभी के विचारों को महत्व देना और सामूहिक निर्णय लेना, विश्वास और जुड़ाव को बढ़ाता है। यह टीम के लिए एडिफ़िकेशन का एक महत्वपूर्ण हिस्सा है।

6. प्रशिक्षण और मार्गदर्शन

नए सदस्य को मार्गदर्शन देने में धैर्य रखना और उन्हें सही दिशा दिखाना आवश्यक है। सही प्रशिक्षण और सपोर्ट से टीम के सदस्य जल्दी सीखते हैं और टीम का प्रदर्शन बेहतर होता है।

7. उत्साह और प्रेरणा बनाए रखना

टीम में एडिफ़िकेशन केवल शब्दों तक सीमित नहीं होता।

अपने व्यवहार, और दृष्टिकोण के माध्यम से सदस्यों को लगातार प्रेरित करें।

आम गलतियाँ

• केवल वरिष्ठ सदस्यों को महत्व देना और नए सदस्यों की कोशिशों को नजरअंदाज करना।

• नकारात्मक और आलोचनात्मक वातावरण बनाना।

• सफलता की कहानियाँ और अनुभव साझा न करना।

• मार्गदर्शन में जल्दबाज़ी और अधूरा प्रशिक्षण देना।

इन गलतियों से टीम का विश्वास कमजोर होता है और सहयोग की भावना प्रभावित होती है।

अभ्यास उदाहरण

मान लीजिए आपकी टीम में पांच नए सदस्य हैं। प्रत्येक सप्ताह यह करें:

1. टीम मीटिंग में उनके छोटे-छोटे प्रयासों की सराहना करें।

2. किसी लीडर या सीनियर के अनुभव का उदाहरण साझा करें।

3. किसी सफल ग्राहक की कहानी को बताकर टीम को प्रेरित करें।

4. मार्गदर्शन और समाधान देने में धैर्य बनाए रखें।

इस तरह टीम में एडिफ़िकेशन लगातार बना रहेगा और सदस्य अपने प्रयासों के प्रति सकारात्मक महसूस करेंगे।

अध्याय का सार

टीम में एडिफ़िकेशन विश्वास, जुड़ाव और प्रेरणा पैदा करता है। यह टीम को एकजुट रखता है, सहयोग बढ़ाता है और प्रदर्शन को बेहतर बनाता है।

अध्याय का उद्देश्य

इस अध्याय का उद्देश्य यह स्पष्ट करना है कि **टीम में एडिफ़िकेशन क्यों आवश्यक है,** और इसे कैसे लागू किया जाए ताकि टीम के सदस्य मानसिक रूप से प्रेरित और कार्य में सक्रिय रहें।

अध्याय 7

एडिफ़िकेशन की सामान्य गलतियाँ

डायरेक्ट सेलिंग में एडिफ़िकेशन का महत्व जितना अधिक है, उतना ही इसकी गलतियाँ परिणाम को कमजोर कर सकती हैं। बहुत से नए और अनुभवी लोग अनजाने में ऐसे व्यवहार करते हैं, जो सामने वाले के मन में **विश्वास और जुड़ाव** को प्रभावित करते हैं। यह अध्याय उन सामान्य गलतियों को स्पष्ट करेगा व बताएगा की उनको कैसे सही किया जाए व इनसे कैसे बचा जाए।

सामान्य गलतियाँ

1. अतिशयोक्ति करना

अक्सर लोग सामने वाले को प्रभावित करने के लिए बड़े-बड़े दावे करते हैं।

उदाहरण: "यदि आप इस प्लान को अपनाएंगे, तो अगले महीने ₹1,00,000 कमाएंगे।" वास्तविकता में यह दावा झूठा या असंभावित हो सकता है। अतिशयोक्ति से विश्वास टूटता है और आपकी विश्वसनीयता प्रभावित होती है।

2. झूठ बोलना या तथ्य छुपाना

कभी-कभी लोग कमी या कठिनाइयों को छुपा देते हैं। यह सामने वाले को भ्रमित करता है और लंबी अवधि में नुकसान पहुँचाता है।

3. सिर्फ तारीफ़ करना

केवल किसी व्यक्ति या लीडर की तारीफ़ करना -

एडिफ़िकेशन नहीं है। यह अक्सर दिखावटी और असत्य लगता है। असली एडिफ़िकेशन वह है जो विश्वास और जुड़ाव पैदा करे।

4. जल्दी निर्णय के लिए दबाव डालना

नए सदस्य को जल्द निर्णय लेने के लिए प्रेरित करना, उनके मन में अनिश्चितता और विरोध पैदा कर सकता है। एडिफ़िकेशन का उद्देश्य धीरे-धीरे विश्वास बनाना है, न कि दबाव डालना।

5. सिस्टम और प्रक्रिया का महत्व न बताना

केवल व्यक्ति या लीडर का उल्लेख करना पर्याप्त नहीं। यदि आप प्रक्रिया और सिस्टम का सम्मान और महत्व नहीं दिखाते, तो सामने वाला यह समझता है कि व्यवसाय केवल व्यक्तियों पर निर्भर है।

6. सकारात्मक दृष्टिकोण बनाए रखने में विफलता

नेगेटिव शब्द, संदिग्ध भाषा या आत्म-घोषणा से विश्वास कमजोर होता है। एडिफ़िकेशन के दौरान हमेशा सकारात्मक और स्पष्ट दृष्टिकोण बनाए रखें।

7. समय और धैर्य का सम्मान न करना

नए सदस्य को यह दिखाना आवश्यक है कि सफलता केवल प्रयास पर आधारित है, तथा समय एवं धैर्य की आवश्यकता है। जल्दी परिणाम की अपेक्षा या जल्दबाज़ी से बात करना गलत संदेश देता है।

उदाहरण:

मान लीजिए आप किसी नए व्यक्ति को प्लान दिखा रहे हैं। आपने कहा — "यह अवसर आपके लिए पूरी तरह सबसे ठीक है, बस कल ही निर्णय ले लीजिए।" यह अधूरा और दबावपूर्ण संदेश है।

सही तरीका होगा—"मैं आपको इस अवसर के बारे में पूरी जानकारी दे रहा हूँ। आप इसे समझें, आवश्यक जानकारी लें और स्वयं निर्णय लें। हमारा सिस्टम और अनुभव हमेशा आपके साथ है। इस उदाहरण में आप झूठ या अतिशयोक्ति से बच रहे हैं। और सामने वाले का सम्मान कर रहे हैं तथा विश्वास और धैर्य प्रदर्शित कर रहे हैं।

अध्याय का सार

एडिफ़िकेशन की सामान्य गलतियाँ विश्वास और जुड़ाव को कमजोर करती हैं। अतिशयोक्ति, झूठ, जल्दबाज़ी, केवल तारीफ़ या सिस्टम का उल्लेख न करना—ये सभी गलतियाँ हैं। इनसे बचकर ही आप प्रभावी और स्थायी एडिफ़िकेशन कर सकते हैं।

अध्याय का उद्देश्य

इस अध्याय का उद्देश्य यह है कि एडिफ़िकेशन में आम गलतियाँ कौन-सी हैं और उन्हें कैसे टालकर संवाद और प्रभाव को मजबूत रखा जा सकता है।

अध्याय 8

20 तैयार एडिफ़िकेशन लाइनें

डायरेक्ट सेलिंग में एडिफ़िकेशन केवल विचार या भावना नहीं है, यह व्यवहार और शब्दों में व्यक्त की जाने वाली कला है। सही शब्द और वाक्यांश सामने वाले के मन में विश्वास, सम्मान और जुड़ाव पैदा करते हैं।

यहाँ 20 प्रैक्टिकल एडिफ़िकेशन लाइनें दी जा रही हैं, जिन्हें आप प्रत्यक्ष संवाद में उपयोग कर सकते हैं।

1–5: लीडर और सीनियर के लिए

1. "जिस लीडर ने मुझे यह व्यवसाय सिखाया, उनके अनुभव ने मेरी सोच बदल दी।"

2. "मैं हमेशा उनके मार्गदर्शन को अपने निर्णय में प्राथमिकता देता हूँ।"

3. "उनके अनुभव से मैं सीखकर आज आपको यह अवसर बता रहा हूँ।"

4. उनका सिद्धांत और उनका अनुशासन इस व्यवसाय में सफलता हासिल करने का आधार हैं।"

5. "उनके अनुभव और समझ ने मेरे लिए मार्ग आसान किया।"

6–10: कंपनी और सिस्टम के लिए

6. “कंपनी का सिस्टम स्पष्ट और अनुशासित है, यही सफलता का मूल आधार है।”

7. “इस प्रक्रिया को वर्षों के अनुभव ने परखा और सिद्ध किया है।”

8. “कंपनी की नीतियाँ और मूल्य हमेशा मेरे निर्णय का मार्गदर्शन करते हैं।”

9. “इस व्यवसाय में सिस्टम और समर्थन हमेशा हमारे साथ हैं।”

10. “कंपनी और लीडर का संतुलित दृष्टिकोण मेरे लिए प्रेरणा है।”

11–15: प्रक्रिया और अवसर के लिए

11. “सफलता केवल योजना और प्रयास से आती है, भाग्य पर नहीं।”

12. “यह प्रक्रिया स्पष्ट और पालन करने में आसान है।”

13. “हर चरण का उद्देश्य और महत्व स्पष्ट है, इसलिए निर्णय आसान होता है।”

14. “प्रक्रिया का पालन करके हम स्थिर और सतत परिणाम प्राप्त कर सकते हैं।”

15. “यह व्यवसाय केवल आय के लिए नहीं, बल्कि सही आदत और अनुशासन सिखाने के लिए है।”

16–20: समय, धैर्य और नए सदस्य के लिए

16. "सफलता समय और धैर्य मांगती है, जल्दबाज़ी नहीं।"

17. "आपके प्रयास का सम्मान और मूल्यांकन हमेशा किया जाएगा।"

18. "हमारा मार्गदर्शन और समर्थन हमेशा आपके साथ रहेगा।"

19. "हर निर्णय सोच-समझकर और सही जानकारी से लेना सफलता की कुंजी है।"

20. "इस व्यवसाय में आप अकेले नहीं हैं, अनुभव और प्रणाली हमेशा आपके साथ हैं।"

सुझाव

1. यह 20 लाइनें याद करें और दैनिक बातचीत में प्रयोग करें।

2. किसी नए सदस्य के साथ प्लान दिखाते समय उपयुक्त लाइन चुनें।

3. संयम और भावनात्मक जुड़ाव बनाए रखें।

4. अतिशयोक्ति और झूठ से बचें।

अध्याय का सार

प्रैक्टिकल एडिफ़िकेशन लाइनें संवाद को सरल, प्रभावी और भरोसेमंद बनाती हैं। सही शब्दों का प्रयोग सामने वाले के मन में विश्वास और जुड़ाव पैदा करता है और निर्णय प्रक्रिया को सहज बनाता है।

अध्याय का उद्देश्य

इस अध्याय का उद्देश्य यह है कि **एडिफ़िकेशन को व्यावहारिक रूप में कैसे लागू किया जाए** ताकि संवाद, परिणाम बेहतर और स्थायी हो।

भाग 2

प्लान दिखाने की कला

"सही प्रस्तुति ही सफलता की पहली सीढ़ी है। "

अध्याय 1

प्लान दिखाना

डायरेक्ट सेलिंग में प्लान दिखाना केवल जानकारी देना नहीं होता, बल्कि सामने वाले व्यक्ति को एक व्यवस्थित दृष्टिकोण देना होता है। इस अध्याय का उद्देश्य यह है कि प्लान दिखाना एक जिम्मेदारी है, न कि केवल एक औपचारिक प्रक्रिया।

1. प्लान क्या होता है

प्लान दरअसल कंपनी, सिस्टम और व्यक्ति के बीच का पुल होता है। यह वह माध्यम है जिसके ज़रिये कोई व्यक्ति इस व्यवसाय को समझता है। प्लान जितना स्पष्ट और संतुलित होगा, उतना ही व्यक्ति सहज महसूस करेगा।

2. प्लान दिखाने का उद्देश्य

प्लान का उद्देश्य किसी को तुरंत ज्वाइन कराना नहीं है, बल्कि उसे सही जानकारी देकर निर्णय लेने योग्य बनाना है। जब उद्देश्य स्पष्ट होता है, तो दबाव अपने आप खत्म हो जाता है।

3. किसे प्लान दिखाएँ

हर व्यक्ति प्लान के लिए तैयार नहीं होता। जो व्यक्ति सुनने की मानसिकता में हो, जिज्ञासु हो और समय देने को तैयार हो, वही सही अभ्यर्थी होता है।

4. प्लान दिखाने के सही तरीके

प्लान हमेशा शांत, सम्मानजनक और व्यवस्थित तरीके से दिखाना चाहिए।

बीच-बीच में प्रश्न पूछकर सामने वाले की समझ को परखना भी आवश्यक है।

5. प्लान के मुख्य भाग

हर प्लान में कंपनी का परिचय, उत्पाद या सेवा, सिस्टम, आय संरचना और कार्य प्रक्रिया का संतुलित विवरण होना चाहिए।

6. प्रभावी प्रज़ेंटेशन की संरचना

एक अच्छा प्लान हमेशा परिचय से शुरू होकर प्रक्रिया और संभावनाओं पर समाप्त होता है। क्रम टूटने से भ्रम पैदा होता है।

7. प्लान के दौरान जुड़ाव बनाए रखना

आँखों का संपर्क, शांत स्वर और सरल भाषा व्यक्ति को जोड़े रखती है। एकतरफा बोलना जुड़ाव को तोड़ देता है।

8. निष्कर्ष

सबसे पहले अपना परिचय दें, और बताएं कि आप कौन हैं, कहाँ से हैं तथा जरूरत के अनुसार आपका पारिवारिक पृष्ठभूमि भी बता सकते हैं। इसके बाद पैसे के महत्व और अतिरिक्त आय की आवश्यकता पर चर्चा करें। फिर आप अपने अवसर का परिचय दें जिसके माध्यम से कोई भी व्यक्ति अपनी वर्तमान आय के साथ कैसे अतिरिक्त आय प्राप्त कर सकता है। सामने वाले को यह बताएं कि यह काम सरल है और हर व्यक्ति इसे आसानी से कर सकता है बातों बातों में यह भी कह दें की और आप भी कर सकते हैं।

इसके बाद अपने प्लान को क्रमवार और सरल भाषा में दिखाएं।

सामने वाले के मन से डर और संदेह भी दूर करें तथा उसे विश्वास दिलाएँ कि इस कार्य में उसका कोई नुकसान नहीं है। जैसा संभावित ग्राहक हो उसे उसकी जरूरत के अनुसार बताएं। जैसे विद्यार्थी को करियर, व्यापारी को सुरक्षा, नौकरीपेशा व्यक्ति को समय और पैसे की स्वतंत्रता, बेरोजगार को अवसर, गृहिणी को बचत तथा अस्वस्थ्य व्यक्ति को बेहतर स्वास्थ्य संबंधी समाधान बताना।

साथ ही ऐक्टिव व पैसिव इनकम की जानकारी दें और अपने उत्पादों के लाभ तथा उपयोगिता को प्रभावी ढंग से प्रस्तुत करें। याद रखिए, आपका प्लान तभी सफल होगा जब बातचीत के अंत में सामने वाले के मन में स्पष्टता, विश्वास और यह भावना रह जाए कि आपके पास उसकी आवश्यकता का उचित समाधान है।

अध्याय का उद्देश्य

प्लान दिखाने को एक जिम्मेदार और सम्मानजनक प्रक्रिया के रूप में समझना।

अध्याय 2

प्लान दिखाने में आवश्यक सावधानियाँ

यह अध्याय उन सावधानियों पर केंद्रित है जिन्हें नजरअंदाज करने से अच्छा प्लान भी नुकसान पहुँचा सकता है। सही सावधानियाँ प्लान को दीर्घकालिक परिणामों की ओर ले जाती हैं।

प्लान दिखाने जाने से पहले यह सुनिश्चित करे की आपके पास कुछ आवश्यक चीजें मौजूद हो। जैसे बिजनेस बैग, स्पायरल डायरी, पेन, साफ–सुथरे पोशाक, कम्पनी का प्लान बुक, प्रोडक्ट, कैटलॉक, अन्य साक्ष्य टूल्स, और आपके अंदर भरा हुआ उत्साह होना चाहिए।

प्लान दिखाने में आवश्यक सावधानियाँ

1. अतिशयोक्ति न करें

बढ़ा-चढ़ाकर बताना तुरंत प्रभाव तो डाल सकता है, लेकिन बाद में निराशा देता है। सच्चाई ही स्थायी विश्वास बनाती है।

2. गलत आय दावा न करें

आय हर व्यक्ति की मेहनत, समय और समझ पर निर्भर करती है। निश्चित आय का दावा करना व्यवसाय की आत्मा के विरुद्ध है।

3. असंगत वादे न करें

ऐसे वादे जो सिस्टम में संभव नहीं हैं, व्यक्ति को भ्रमित करते हैं और टीम की छवि खराब करते हैं।

4. झूठी तुलना न करें

दूसरे व्यवसायों या कंपनियों को नीचा दिखाकर अपनी बात रखना कमजोरी दर्शाता है। तुलना तथ्यात्मक और सम्मानजनक होनी चाहिए। तथा अपना पैसा लगा लगा कर ज्वाइनिंग न कराएं इसका परिणाम नकारात्मक ही होता है।

5. प्रक्रिया को प्राथमिकता दें

केवल परिणाम बताने के बजाय प्लान की प्रक्रिया समझाना अधिक ज़रूरी है। प्लान की प्रक्रिया समझ में आ जाए तो परिणाम स्वतः आते हैं।

6. व्यक्ति की परिस्थिति समझें

हर व्यक्ति की ज़रूरतें और सीमाएँ अलग होती हैं। बिना समझे दिया गया प्लान असर नहीं करता।

7. सवालों से न घबराएँ

सवाल विश्वास की निशानी होते हैं। सवाल ही वह संकेत है जो बताता है की सामने वाला रुचि ले रहा है या नहीं। सवालों से बचना नहीं, बल्कि उन्हें धैर्य से सुलझाना चाहिए। सवाल आना आपके लिए सकारात्मक संदेश है।

8. निर्णय का सम्मान करें

यदि व्यक्ति तुरंत निर्णय न ले, तो उसका सम्मान करें। दबाव भविष्य के अवसर भी बंद कर देता है।

9. दीर्घकालिक सोच रखें

प्लान एक दिन का नहीं, संबंधों का बीज होता है। दीर्घकालिक सोच ही स्थायी नेटवर्क बनाती है। आपका

प्लान पसंद आए या न आए सामने वाले को आपका व्यवहार पसंद आना चाहिए। यदि आपका व्यवहार पसंद आएगा तो आपके प्लान को भी लोग पसंद कर सकते हैं।

अध्याय का उद्देश्य

प्लान दिखाते समय होने वाली सामान्य लेकिन घातक गलतियों से बचाना।

भाग 3

फॉलो-अप की कला

“लगातार संपर्क ही सपनों को वास्तविकता में बदलता है।”

अध्याय 1

फॉलो-अप की कला

डायरेक्ट सेलिंग में फॉलो-अप वह कड़ी है, जो प्लान और निर्णय के बीच पुल का काम करती है। बहुत से लोग यह मान लेते हैं कि प्लान दिखाने के बाद अब सामने वाला स्वयं निर्णय ले लेगा, लेकिन व्यवहार में ऐसा बहुत कम होता है।

अधिकांश लोग निर्णय लेने से पहले आश्वासन, स्पष्टता और समय चाहते हैं। फॉलो-अप इसी आवश्यकता को पूरा करता है।

1. फॉलो-अप क्या है

फॉलो-अप का अर्थ बार-बार कॉल करना या दबाव बनाना नहीं है। फॉलो-अप का अर्थ है सामने वाले को यह एहसास दिलाना कि आप उसकी प्रक्रिया में साथ हैं और उसकी शंकाओं को गंभीरता से लेते हैं।

2. फॉलो-अप क्यों ज़रूरी है

पहली मुलाक़ात में व्यक्ति सब कुछ समझ नहीं पाता। समय के साथ उसके मन में प्रश्न आते हैं। फॉलो-अप उन प्रश्नों को स्पष्ट करने का अवसर देता है।

3. फॉलो-अप कब करें

फॉलो-अप का सही समय बहुत महत्वपूर्ण होता है। न बहुत जल्दी, न बहुत देर से। आमतौर पर प्लान के 24 से 48 घंटे के भीतर पहला फॉलो-अप संतुलित माना जाता है।

4. फॉलो-अप कैसे करें

फॉलो-अप हमेशा विनम्र और सहज होना चाहिए। साधारण बातचीत से शुरुआत करें, सीधे निर्णय की बात पर न जाएँ। व्यक्ति को खुलकर बोलने का अवसर दें।

5. फॉलो-अप के माध्यम

कॉल, संदेश, व्यक्तिगत मुलाक़ात या मीटिंग के माध्यम परिस्थिति और व्यक्ति के स्वभाव के अनुसार चुनना चाहिए। हर व्यक्ति पर एक ही तरीका लागू नहीं होता।

6. सामने वाले की रुचि को पढ़ना

फॉलो-अप में यह समझना ज़रूरी है कि व्यक्ति सच में रुचि रखता है या केवल शिष्टाचार निभा रहा है। उसके प्रश्न और प्रतिक्रिया इसका संकेत देते हैं।

7. निर्णय तक पहुँचाने की भूमिका

फॉलो-अप का उद्देश्य निर्णय थोपना नहीं, बल्कि निर्णय को आसान बनाना है। जब व्यक्ति स्पष्टता महसूस करता है, तो निर्णय स्वाभाविक रूप से आता है।

8. फॉलो-अप में धैर्य

कुछ निर्णय जल्दी होते हैं, कुछ समय लेते हैं। धैर्य रखना फॉलो-अप की सबसे बड़ी ताकत है।

9. फॉलो-अप को परिणाम में बदलना

सही समय, सही शब्द और सही दृष्टिकोण फॉलो-अप को सकारात्मक परिणाम में बदल देते हैं।

10. फालो-अप के सामान्य उदाहरण व सटीक कदम

लोगों को आपके प्रयासों से मतलब नहीं है, लोगों को आपके परिणाम दिखने चाहिए। डायरेक्ट सेलिंग व्यवसाय में आप जब भी फालो-अप करें आपका **तीन उदेश्य** होना चाहिए।

1. आपका संभावित ग्राहक या तो आपका सिस्टम ज्वाइन कर ले।

2. आपका संभावित ग्राहक या तो आपका प्रोडक्ट खरीद ले।

3. आपका संभावित ग्राहक या तो आपको अगली बार फिर मुलाकात का समय दे दे।

आपका प्रयास इन तीन में से एक लक्ष्य को हासिल करने का होना चाहिए।

संभावित ग्राहक से कितनी बार मिलना सही रहेगा इसको लेकर भी कई बातें दिमाग में चलती रहती है। आप अपने संभावित ग्राहक से **कम से कम पाँच बार** अवश्य मिलने की युक्ति लगाएं। इसके बाद यदि रिजल्ट नहीं आए तो उनके व्यवहार के हिसाब से निर्णय ले सकते हैं।

डायरेक्ट सेलिंग में प्लान के बाद प्रश्न को सुलझाने के पाँच तरीके

1. **महसूस किया, अनुभव किया, और पाया का तरीका।**
   उदाहरण: "मेरे पास समय नहीं है"

"मैं समझता हूँ, पहले मेरे कई साथी भी यही महसूस करते थे, लेकिन जब उन्होंने शुरू किया तो पाया कि रोज़ सिर्फ 30 मिनट काफी है।"

2. **सवाल में से ही जवाब निकालने का तरीका।**
   उदाहरण: "इसमें रिस्क है"
   "आपके हिसाब से रिस्क ज़्यादा किसमें है नौकरी में या ऐसा काम जिसमें लागत कम और कला आपकी हो?"
3. **विश्वसनीय डाटा साझा करने का तरीका।**
   उदाहरण: "ये स्कीम फर्जी होगी"
   "देखिये, ये कंपनी का रजिस्ट्रेशन, ये इनकम स्लिप और ये सरकारी गाइड लाइन है।"
4. **साक्ष्य उपकरण द्वारा उत्तर देने का तरीका।**
   उदाहरण: "मुझे इस बात पर विश्वास नहीं"
   "मैं आपको समझाने से अच्छा है ये 10 मिनट का वीडियो दिखा दूँ।"
5. **ग्राहक के विशेषता का तारीफ करने का तरीका।**

   उदाहरण: "मैं सोच कर बताऊँगा"
   "आप बहुत सोच-समझकर फैसला लेते हैं, इसलिए मैं चाहता हूँ आप पूरी जानकारी लेकर ही निर्णय लें।"

अपने संभावित ग्राहक को अपने सिस्टम में लाने के लिए उपरोक्त तरीके द्वारा उनके प्रश्नों का सटीक उत्तर देना सीखना है।

डायरेक्ट सेलिंग व्यवसाय में प्लान दिखाने के बाद बात पक्का करने के पाँच तरीके

1. **पहले ट्रायल करके देखें फिर निर्णय लें का तरीका।**

   उदाहरण: हल्का सा टेस्ट करना कि व्यक्ति कितना तैयार है। "अगर आप शुरू करें तो सबसे पहले किसको दिखायेंगे?" अगर वो नाम बताने लगे तो समझिए आधा काम हो गया।

2. **यदि - तो के आधार पर निर्णय करवाने का तरीका।**

   उदाहरण: "अगर कंपनी लीगल है और सपोर्ट मिलता है।

   तो आप ज्वाइन करने को तैयार हैं?" हाँ सुनते ही क्लोजिंग की ओर बढ़िए।

3. **फायदे -नुकसान लिखकर निर्णय करवाने का तरीका।**

   उदाहरण: "चलिये दोनों लिख लेते हैं, फिर फैसला आसान हो जाएगा।" कागज़ पर दो कॉलम बनाइए: फायदे, व नुकसान अक्सर फायदे ज़्यादा निकलते हैं।

4. **प्लान के अंत में सीधा व स्पष्ट पूछकर निर्णय करवाने का तरीका।**

   उदाहरण: "आप आज से शुरू करना चाहेंगे या कल से?" यहाँ ना का ऑप्शन नहीं छोड़ा जाता।

5. **अवसर के महत्व को बताकर निर्णय करवाने का तरीका।**

उदाहरण: "यदि आप आज निर्णय लेते हैं तो कल से आपका टीम बनना शुरू हो जाएगा।" क्योंकि कुछ लोग और शामिल होने वाले हैं।

जब आप प्लान दिखा लेते हैं तो आप अपने संभावित ग्राहक से उपरोक्त तरीके का प्रयोग करके निर्णय करवाने में उनकी मदद कर सकते हैं।

अध्याय का सार

फॉलो-अप प्लान के बाद की औपचारिकता नहीं, बल्कि विश्वास को और गहरा बनाने की प्रक्रिया है।

अध्याय का उद्देश्य

फॉलो-अप को दबाव नहीं, बल्कि सहयोग की कला के रूप में मानना।

अध्याय 2

फॉलो-अप में महत्वपूर्ण सावधानियाँ

डायरेक्ट सेलिंग में फॉलो-अप जितना ज़रूरी है, उतना ही संवेदनशील भी। सही फॉलो-अप जहाँ व्यक्ति को निर्णय तक पहुँचाता है, वहीं गलत फॉलो-अप अच्छे अवसर को भी हमेशा के लिए बंद कर सकता है।

इस अध्याय में उन सावधानियों पर चर्चा की गई है, जिन्हें अपनाकर फॉलो-अप को सम्मानजनक और प्रभावी बनाया जा सकता है।

1. परेशान न करें

बार-बार कॉल करना, लगातार संदेश भेजना या जल्दी-जल्दी याद दिलाना व्यक्ति को असहज कर देता है। फॉलो-अप का उद्देश्य याद दिलाना है, पीछा करना नहीं।

2. दबाव न डालें

निर्णय लेने के लिए मजबूर करना अक्सर उल्टा असर करता है। जब व्यक्ति दबाव महसूस करता है, तो वह काम की गुणवत्ता नहीं, बल्कि उससे बचने का रास्ता खोजता है।

3. गलत जानकारी न दें

फॉलो-अप में जल्दबाजी के कारण लोग कभी-कभी ऐसी बातें कह देते हैं जो सिस्टम या कंपनी के अनुरूप नहीं होतीं। यह आगे चलकर भरोसे को नुकसान पहुँचाती हैं।

4. परिस्थिति समझे बिना बात न करें

हर व्यक्ति की स्थिति अलग होती है।

समय, परिवार, आर्थिक स्थिति और मानसिक तैयारी। बिना समझे किया गया फॉलो-अप जुड़ाव की बजाय दूरी पैदा करता है।

5. असभ्य व्यवहार न करें

यदि सामने वाला अभी तैयार नहीं है या मना कर देता है, तो भी शिष्टाचार बनाए रखना ज़रूरी है। इससे सम्मान बना रहता है और भविष्य के दरवाज़े खुले रहते हैं।

6. केवल अपने लाभ पर ध्यान न दें

फॉलो-अप में केवल अपनी ज्वाइनिंग या टारगेट की सोच रखने से बातचीत कृत्रिम हो जाती है। व्यक्ति यह महसूस कर लेता है कि उसे साधन की तरह देखा जा रहा है।

7. सही शब्दों का चयन करें

फॉलो-अप में बोले गए शब्द बहुत प्रभाव डालते हैं। कठोर या जल्दबाजी वाले शब्द भरोसे को कमजोर करते हैं, जबकि सहज भाषा संबंधों को मजबूत बनाती है।

8. निर्णय का सम्मान करें

हर व्यक्ति का निर्णय उसकी स्वतंत्रता है। उसे स्वीकार करना आपकी परिपक्वता दर्शाता है और आपकी छवि को सकारात्मक बनाता है।

9. भविष्य की संभावना खुली रखें

आज का "नहीं" हमेशा का "नहीं" नहीं होता। अच्छा व्यवहार भविष्य के अवसर की नींव रखता है।

आप अपने संभावित ग्राहक से खुला प्रश्न कभी न पूछें जैसे आपसे मिलें की नहीं मिलें। बल्कि इसके जगह ये कहें की आपसे आज मिलें या कल या सुबह मिले या शाम को। आप प्रोडक्ट लेंगे की नहीं लेंगे इसके जगह ये कह सकते हैं की प्रोडक्ट आज खरीदेगें या कल। सुबह में मिलें या शाम को। सुबह 8 बजे मिलें या शाम 6 बजे। हमेशा दो ऑप्शन दीजिए।

आप सामने वाले से बहस कभी न करें इसका कोई रिजल्ट नहीं मिलता हाँ रिश्ते जरूर बिगड़ जाते हैं। सामने वाले को हराना नहीं है बल्कि कंप्लीमेंट देना है सराहना है की आपने सही कहा आपकी बात विचारणीय है। संभवतः टूल्स के माध्यम से संतुलित और सहज भाव से उत्तर देना बेहतर होता है।

अध्याय का सार

फॉलो-अप में सावधानी, धैर्य और सम्मान ही दीर्घकालिक परिणामों की कुंजी है।

अध्याय का उद्देश्य

गलत फॉलो-अप से होने वाले नुकसान से बचाना और सही दृष्टिकोण विकसित करना।

भाग 4

स्टार्टअप की कला

“पहली नींव जितनी मजबूत, इमारत उतनी ऊँची।”

अध्याय 1

टीम स्टार्टअप की कला

डायरेक्ट सेलिंग में किसी नए व्यक्ति को जोड़ना अन्तिम कार्य नहीं बल्कि ज्वाइन कराना स्टार्टअप का पहला चरण होता है, यही सही समय होता है सही दिशा में शुरुआत करवाने का। शुरुआत जितनी स्पष्ट और संतुलित होगी, आगे की यात्रा उतनी ही स्थिर होगी। यह अध्याय टीम स्टार्टअप की कला इसी सही शुरुआत पर आधारित है।

1. नए व्यक्ति को जोड़ना

जब कोई व्यक्ति टीम में शामिल होता है, तो वह उम्मीदों और आशंकाओं दोनों के साथ आता है। शुरुआत में ही उसे यह महसूस कराना ज़रूरी है कि वह अकेला नहीं है और उसे मार्गदर्शन मिलेगा।

2. शुरुआती ट्रेनिंग

पहले कुछ दिन व्यक्ति के लिए निर्णायक होते हैं। सरल, सीमित और व्यावहारिक ट्रेनिंग उसे आत्मविश्वास देती है। बहुत अधिक जानकारी देना भ्रम पैदा कर सकता है।

3. पहले 48 घंटे का महत्व

शुरुआती 48 घंटे में व्यक्ति का उत्साह सबसे अधिक होता है। यदि इस समय सही दिशा न मिले, तो उत्साह धीरे-धीरे ठंडा पड़ने लगता है।

4. लक्ष्य निर्धारण

शुरुआत में छोटे और यथार्थ वादी लक्ष्य तय करना ज़रूरी

होता है। बड़े लक्ष्य दबाव पैदा करते हैं, जबकि छोटे लक्ष्य आत्मविश्वास बढ़ाते हैं।

5. डुप्लिकेशन की शुरुआत

टीम स्टार्टअप का असली आधार डुप्लिकेशन होता है। जो काम नया व्यक्ति सीखता है, वही आगे वह दूसरों को सिखाता है। इसलिए शुरुआत सरल और दोहराने योग्य होनी चाहिए।

6. टीम सिस्टम

स्पष्ट सिस्टम नए व्यक्ति को यह समझने में मदद करता है कि उसे क्या करना है और कब करना है। सिस्टम न होने पर मेहनत बिखर जाती है।

7. मार्गदर्शन की विधि

मार्गदर्शन का अर्थ आदेश देना नहीं, बल्कि साथ चलना है। प्रश्नों को सुनना और समाधान देना व्यक्ति को सुरक्षित महसूस कराता है।

8. शुरुआती प्रेरणा बनाए रखना

शुरुआती दिनों में प्रशंसा और प्रोत्साहन व्यक्ति को आगे बढ़ने की ऊर्जा देता है। छोटी सफलताओं को पहचानना बहुत आवश्यक है।

9. सकारात्मक वातावरण

टीम का वातावरण नए व्यक्ति के मन पर गहरा प्रभाव डालता है।

सकारात्मक माहौल उसे जुड़े रहने के लिए प्रेरित करता है।

10. कैसे समझें की टीम साथी का स्टार्टअप हो गया

पहला जब आवेदन के लिए सभी डॉक्यूमेंट दे दे। **दूसरा** कम्पनी की सभी आनलाइन चीजों को करने लग जाए जैसे आवेदन,शॉपिंग,एप या बेवसाइड की अन्य सभी जानकारी रखने लगे। **तीसरा** उसका लक्ष्य क्लियर हो गया हो कम्पनी के विजन व मिशन को गहराई से समझ गया हो। **चौथा** प्लान के सभी बेसिक स्टेप्स को करने लगा हो। कलकुलेशन के पार्ट को जानने लगा हो। **पाँचवाँ** कम से कम पहला लेबल हासिल कर लिया हो। उपरोक्त स्टेप्स आपको अपने टीम साथी को सीखाना है और ये सभी कार्य आपका टीम साथी सिख गया और करने लग गया तो आपने एक साथी का स्टार्टअप करा दिया।

अध्याय का सार

टीम का सही स्टार्टअप दीर्घकालिक सफलता की नींव रखता है।

अध्याय का उद्देश्य

नए व्यक्ति को सही, सुरक्षित और व्यवस्थित शुरुआत देना।

अध्याय 2

टीम स्टार्टअप की सावधानियाँ

डायरेक्ट सेलिंग में टीम बनाना जितना उत्साहजनक होता है, उतना ही जिम्मेदारी भरा भी। शुरुआती दौर में की गई छोटी-सी गलती आगे चलकर बड़ी समस्या बन सकती है। इसीलिए टीम स्टार्टअप के समय कुछ सावधानियों का पालन करना अत्यंत आवश्यक होता है।

स्टार्टअप में सावधानियाँ :

1. अधिक जानकारी न डालें

नए व्यक्ति को शुरुआत में ही बहुत ज़्यादा जानकारी देना उसे उलझा सकता है। उसे केवल वही बातें बतानी चाहिए जो तुरंत काम आने वाली हों। जानकारी धीरे-धीरे देना समझ और आत्मविश्वास दोनों बढ़ाता है।

2. गलत दिशा में शुरुआत न होने दें

यदि शुरुआत ही गलत सोच या गलत तरीके से हो जाए, तो बाद में सुधार करना कठिन हो जाता है। इसलिए पहले दिन से ही सही प्रक्रिया और सही आदतों पर ज़ोर देना ज़रूरी है।

3. नकारात्मकता से बचाएँ

शुरुआत में व्यक्ति बहुत संवेदनशील होता है। नकारात्मक बातें, असफल लोगों की कहानियाँ या डराने वाले अनुभव उसका उत्साह तोड़ सकते हैं। उसे सकारात्मक उदाहरणों से जोड़ना चाहिए।

4. सकारात्मक वातावरण बनाए रखें

टीम का माहौल सीखने और आगे बढ़ने का आधार होता है। सहयोग, सम्मान और प्रोत्साहन से भरा वातावरण व्यक्ति को लंबे समय तक जुड़े रहने में मदद करता है।

5. क्षमता अनुसार मार्गदर्शन दें

हर व्यक्ति की सीखने की गति और क्षमता अलग होती है। सभी से एक जैसा प्रदर्शन अपेक्षित करना गलत है। व्यक्तिगत समझ के अनुसार मार्गदर्शन देना ज़रूरी है।

6. जल्द परिणाम की अपेक्षा न करें

नए व्यक्ति से तुरंत बड़े परिणाम की उम्मीद करना उसे दबाव में डाल देता है। उसे समय और अभ्यास का अवसर देना चाहिए। ब्यक्ति का आर्थिक,सामाजिक,मानसिक किसी प्रकार का नुकसान न होने दें।

7. स्वयं उदाहरण बनें

नेतृत्व निर्देशों से नहीं, उदाहरण से चलता है। जब सीनियर स्वयं सिस्टम का पालन करते हैं, तो टीम स्वतः उसका अनुसरण करती है।

8. निरंतर संपर्क बनाए रखें

शुरुआत के दिनों में संपर्क टूटने से व्यक्ति अकेलापन महसूस करता है। नियमित संवाद उसे सुरक्षित और प्रेरित रखता है।

9. धैर्य रखें

टीम स्टार्टअप एक प्रक्रिया है, परिणाम नहीं। धैर्य ही इसे

सफल बनाता है।

अध्याय का सार

सावधानी और समझदारी से किया गया टीम स्टार्टअप मजबूत और स्थिर टीम बनाता है।

अध्याय का उद्देश्य

शुरुआती गलतियों से बचाकर दीर्घकालिक टीम निर्माण को सुनिश्चित करना।

भाग 5

असरदार टीम लीडर कैसे बनें

"नेतृत्व पद नहीं, चरित्र और आदतों का स्तर है।"

अध्याय 1

वेशभूषा

डायरेक्ट सेलिंग में नेतृत्व किसी पद से नहीं, बल्कि प्रभाव से बनता है। और प्रभाव की शुरुआत शब्दों से पहले वेशभूषा से होती है। वेशभूषा केवल कपड़ों का चयन नहीं है, बल्कि यह उस सोच, अनुशासन और सम्मान का संकेत है, जिसके साथ आप इस व्यवसाय को देखते हैं। बहुत से लोग यह मान लेते हैं कि “काम तो दिमाग से होता है, कपड़ों से क्या फर्क पड़ता है?”

यह बात आंशिक रूप से सही हो सकती है, लेकिन व्यवहारिक दुनिया में पहला प्रभाव दिमाग से पहले **आँखों पर** पड़ता है। डायरेक्ट सेलिंग में, जहाँ आप बिना दुकान, बिना बोर्ड और बिना ब्रांड के काम करते हैं, वहाँ **आप स्वयं ही चलता-फिरता ब्रांड होते हैं**।

वेशभूषा क्यों महत्वपूर्ण है

जब आप किसी नए व्यक्ति से मिलते हैं, तो वह पहले 10–15 सेकंड में आपके बारे में एक धारणा बना लेता है। उस समय वह आपके प्लान को नहीं जानता, आपकी ईमानदारी को नहीं परखता, बल्कि आपकी वेशभूषा, सलीका और आत्म-प्रस्तुति को देखता है। अगर आपकी वेशभूषा अस्त-व्यस्त है, तो उसके मन में अनजाने में यह प्रश्न उठता है—“क्या यह व्यक्ति इस काम को गंभीरता से करता है?”

अगर आपकी वेशभूषा संतुलित, साफ और अवसर के अनुरूप है, तो बिना एक शब्द बोले ही आपके प्रति सम्मान बन जाता है।

वेशभूषा और आत्मविश्वास का संबंध

अच्छी वेशभूषा केवल सामने वाले को प्रभावित नहीं करती, बल्कि **आपके भीतर भी आत्मविश्वास पैदा करती है**। जब आप अच्छे और सुसंस्कृत कपड़े पहनते हैं, तो आपका चलने, बैठने और बोलने का तरीका अपने आप बदल जाता है।

यह बदलाव बनावटी नहीं होता, बल्कि भीतर से आता है। आप स्वयं को उस भूमिका के योग्य महसूस करने लगते हैं, जिसे आप निभा रहे हैं—एक लीडर की भूमिका।

डायरेक्ट सेलिंग में वेशभूषा का सही अर्थ

वेशभूषा का अर्थ महंगे कपड़े पहनना नहीं है।

वेशभूषा का अर्थ है—

- साफ-सुथरे कपड़े।
- अवसर के अनुसार पहनावा।
- सादगी और शालीनता।
- आत्म-सम्मान को दर्शाने वाला चयन।

एक साधारण, साफ शर्ट-पैंट भी उतनी ही प्रभावी हो सकती है, जितनी कोई महंगी ड्रेस अगर वह सही तरीके से पहनी गई हो।

अवसर के अनुसार वेशभूषा

डायरेक्ट सेलिंग में आपको अलग-अलग अवसरों पर अलग प्रकार की प्रस्तुति देनी होती है।

• प्लान मीटिंग में वेशभूषा पेशेवर होनी चाहिए।

• होम मीटिंग में सादगी और अपनापन झलकना चाहिए।

• सेमिनार या ट्रेनिंग में नेतृत्व और अनुशासन दिखना चाहिए।

हर जगह एक ही तरह की वेशभूषा अपनाना यह दर्शाता है कि व्यक्ति परिस्थितियों को समझने में कमजोर है।

वेशभूषा और सम्मान

लोग अक्सर यह कहते हैं—

"हमें लोग कपड़ों से नहीं, इंसान से पहचानें।" यह सोच आदर्शवादी हो सकती है, लेकिन व्यावहारिक नहीं।

सच यह है कि लोग पहले कपड़ों से पहचानते हैं, फिर धीरे-धीरे इंसान को समझते हैं।

जब आप सामने वाले को सम्मान देते हैं, तो आप उस सम्मान को अपनी वेशभूषा से भी व्यक्त करते हैं। साफ, संतुलित और मर्यादित पहनावा यह संदेश देता है कि आप सामने वाले के समय और उपस्थिति को महत्व देते हैं।

टीम पर वेशभूषा का प्रभाव

एक लीडर की वेशभूषा पूरी टीम को प्रभावित करती है। टीम वही अपनाती है, जो वह अपने सीनियर में देखती है। अगर लीडर लापरवाह है, तो टीम भी ढीली हो जाती है। अगर लीडर सुसंस्कृत और अनुशासित है, तो टीम स्वतः उसी दिशा में बढ़ती है। इसलिए वेशभूषा केवल व्यक्तिगत विषय नहीं, बल्कि **टीम-कल्चर** का हिस्सा है।

आम गलतियाँ जो लोग करते हैं

• बहुत ज़्यादा चमक-दमक या दिखावा।

• बहुत ज़्यादा अनौपचारिक कपड़े।

• गंदे या अस्त-व्यस्त कपड़े।

• अवसर के विपरीत पहनावा।

ये गलतियाँ व्यक्ति की बात शुरू होने से पहले ही उसके प्रभाव को कम कर देती हैं।

सादगी की शक्ति

डायरेक्ट सेलिंग में सादगी सबसे बड़ी ताकत है। सादा, संतुलित और सम्मानजनक वेशभूषा यह दिखाती है कि आप इस व्यवसाय को लंबे समय के लिए देख रहे हैं, न कि केवल तात्कालिक प्रभाव के लिए।

वेशभूषा और निरंतरता

एक दिन अच्छे कपड़े पहन लेना पर्याप्त नहीं है। लीडर की पहचान उसकी निरंतरता से बनती है। जब लोग आपको बार-बार एक सुसंस्कृत, संतुलित और व्यवस्थित रूप में देखते हैं, तो उनके मन में आपके प्रति भरोसा बनता है।

याद रखने योग्य बात यह है की डायरेक्ट सेलिंग में आप जो कहते हैं, वह सुना जाता है। लेकिन आप जैसे दिखते हैं, उससे पहले ही आप पर राय बना ली जाती है।

अध्याय का सार

वेशभूषा केवल कपड़ों का चयन नहीं, बल्कि नेतृत्व की पहली भाषा है। यह आत्मविश्वास, अनुशासन और सम्मान का बाहरी रूप है। एक लीडर की सुसंस्कृत वेशभूषा उसके शब्दों से पहले विश्वास पैदा करती है।

अध्याय का उद्देश्य

डायरेक्ट सेलिंग में वेशभूषा को दिखावे के बजाय प्रभाव और नेतृत्व के उपकरण के रूप में समझाना और अपनाने की प्रेरणा देना।

अध्याय 2

बॉडी लैंग्वेज

डायरेक्ट सेलिंग में शब्द जितने महत्वपूर्ण होते हैं, उससे कहीं अधिक महत्वपूर्ण होता है **आपका शरीर क्या बोल रहा है**। कई बार ऐसा होता है कि व्यक्ति आपके शब्दों से सहमत दिखता है, लेकिन फिर भी निर्णय नहीं लेता। कारण अक्सर शब्दों में नहीं, बल्कि बॉडी लैंग्वेज में छिपा होता है।

बॉडी लैंग्वेज वह मौन भाषा है, जो बिना बोले सामने वाले को यह बता देती है कि आप कितने आत्मविश्वासी हैं, कितने ईमानदार हैं और इस व्यवसाय को कितनी गंभीरता से लेते हैं। एक लीडर के लिए बॉडी लैंग्वेज कोई अतिरिक्त कौशल नहीं, बल्कि नेतृत्व की अनिवार्य आवश्यकता है।

बॉडी लैंग्वेज का वास्तविक अर्थ

अधिकांश लोग बॉडी लैंग्वेज को केवल हाथों के इशारे या खड़े होने के तरीके तक सीमित समझते हैं। जबकि वास्तविकता यह है कि बॉडी लैंग्वेज में आपकी आँखें, चेहरा, बैठने का तरीका, चलने की शैली, हाथों की स्थिति, आवाज़ का उतार-चढ़ाव और यहां तक कि आपकी चुप्पी भी शामिल होती है।

डायरेक्ट सेलिंग में सामने वाला व्यक्ति पहले यह देखता है कि आप अपने शब्दों पर **खुद कितना भरोसा करते हैं**। यह भरोसा आपकी बॉडी लैंग्वेज से साफ दिखाई देता है।

आत्मविश्वास और बॉडी लैंग्वेज

एक आत्मविश्वासी व्यक्ति का शरीर स्वतः संतुलित रहता है। उसकी पीठ सीधी होती है, आँखों में स्थिरता होती है, और उसकी गतिविधियाँ अनावश्यक नहीं होतीं।

इसके विपरीत, असमंजस में रहने वाला व्यक्ति बार-बार कुर्सी बदलता है, आँखें चुराता है, हाथों से खेलता है या बहुत तेज़ बोलने लगता है। ये सभी संकेत सामने वाले के मन में अविश्वास पैदा करते हैं। डायरेक्ट सेलिंग में आत्मविश्वास का मतलब घमंड नहीं है। इसका मतलब है—**शांत, स्थिर और स्पष्ट होना**।

आँखों का संपर्क

आँखें बॉडी लैंग्वेज का सबसे सशक्त माध्यम हैं। जब आप सामने वाले की आँखों में देखकर बात करते हैं, तो आप यह संदेश देते हैं कि आप ईमानदार हैं और बातचीत से भाग नहीं रहे। लगातार आँखें चुराना या मोबाइल की ओर देखना यह दर्शाता है कि या तो आप असहज हैं, या बातचीत में पूरी तरह उपस्थित नहीं हैं। दोनों ही स्थितियाँ प्लान और फॉलो-अप को कमजोर बनाती हैं।

बैठने और खड़े होने का तरीका

डायरेक्ट सेलिंग में आपका बैठने और खड़े होने का तरीका आपके भीतर के अनुशासन को दर्शाता है। झुके हुए कंधे, फैला हुआ बैठना या लापरवाही से खड़ा होना अनजाने में

यह संकेत देता है कि आप स्वयं को गंभीरता से नहीं ले रहे। एक लीडर का बैठना संतुलित, खुला और स्थिर होना चाहिए। यह सामने वाले को सहजता देता है और संवाद को सहज बनाता है।

हाथों और हावभाव की भूमिका

हाथों का अत्यधिक उपयोग या बिल्कुल न करना दोनों ही असंतुलन पैदा करते हैं। संतुलित हावभाव आपकी बात को स्पष्ट बनाते हैं, लेकिन जरूरत से ज़्यादा इशारे ध्यान भटका देते हैं। डायरेक्ट सेलिंग में सरलता सबसे बड़ी ताकत है। आपकी बॉडी लैंग्वेज भी उसी सरलता को दर्शानी चाहिए।

आवाज़ और गति

बॉडी लैंग्वेज केवल शरीर तक सीमित नहीं होती, इसमें आपकी आवाज़ भी शामिल होती है। बहुत तेज़ बोलना घबराहट दिखाता है, बहुत धीमा बोलना आत्मविश्वास की कमी। संतुलित गति और स्पष्ट आवाज़ यह बताती है कि आप स्वयं अपनी बात से आश्वस्त हैं।

टीम पर बॉडी लैंग्वेज का प्रभाव

एक लीडर की बॉडी लैंग्वेज पूरी टीम को दिशा देती है। टीम मीटिंग में आपका बैठने का तरीका, सुनने का धैर्य और

प्रतिक्रिया देने की शैली यह तय करती है कि टीम कितनी सुरक्षित महसूस करेगी। यदि लीडर अधीर, आक्रामक या अस्थिर दिखता है, तो टीम में भी वही ऊर्जा फैलती है।

आम गलतियाँ जो लोग करते हैं

- बात करते समय मोबाइल देखना।
- बार-बार घड़ी देखना।
- हाथ बाँधकर बात करना।
- अत्यधिक हँसना या बहुत गंभीर रहना।
- बेचैनी दिखाना।

ये सभी संकेत सामने वाले को यह महसूस कराते हैं कि आप पूरी तरह उपस्थित नहीं हैं।

बॉडी लैंग्वेज और निरंतर अभ्यास

अच्छी बॉडी लैंग्वेज किसी एक दिन में नहीं बनती। यह निरंतर अभ्यास, आत्म-निरीक्षण और सजगता से आती है। जब आप अपने शरीर की भाषा को समझने लगते हैं, तो धीरे-धीरे आपकी पूरी प्रस्तुति में स्थिरता आने लगती है।

अध्याय का सार

बॉडी लैंग्वेज शब्दों से पहले और शब्दों से ज़्यादा बोलती है।

एक लीडर की स्थिर, संतुलित और आत्मविश्वासी बॉडी लैंग्वेज विश्वास, सम्मान और जुड़ाव पैदा करती है।

अध्याय का उद्देश्य

डायरेक्ट सेलिंग में बॉडी लैंग्वेज को एक सजग नेतृत्व-कौशल के रूप में विकसित करने की समझ देना।

अध्याय 3

संचार की कला

डायरेक्ट सेलिंग में बहुत से लोग मेहनत करते हैं, समय देते हैं, मीटिंग करते हैं, लेकिन अपेक्षित परिणाम नहीं बना पाते। जब गहराई से देखा जाता है, तो अक्सर समस्या मेहनत की नहीं, बल्कि **संचार की कमी** की होती है। संचार वह आधार है जिस पर विश्वास, समझ और संबंध खड़े होते हैं।

डायरेक्ट सेलिंग शब्दों का खेल नहीं है, बल्कि **सही शब्दों, सही समय, सही भावना और सही संतुलन का खेल है**। एक लीडर वही होता है जो यह समझ ले कि कब बोलना है, क्या बोलना है और कितना बोलना है।

संचार का वास्तविक अर्थ

अधिकांश लोग संचार को केवल बोलने तक सीमित समझते हैं। जबकि वास्तविकता यह है कि संचार का अर्थ है— **सामने वाले तक अपनी बात इस तरह पहुँचाना कि वह उसे सही अर्थ में समझ सके**।

अगर आपने बहुत अच्छा बोला, लेकिन सामने वाला सही समझ नहीं पाया, तो संचार असफल माना जाएगा। संचार में बोलना, सुनना और समझना तीनों बराबर महत्वपूर्ण हैं।

सुनने की क्षमता: संचार की पहली शर्त

डायरेक्ट सेलिंग में एक बड़ी गलती यह होती है कि लोग सुनने से ज़्यादा बोलने लगते हैं। वे सामने वाले को समझने से पहले ही समाधान बताने लगते हैं।

एक प्रभावी लीडर पहले सुनता है—

- व्यक्ति की ज़रूरत।
- उसकी आशंका।
- उसका डर।
- उसकी उम्मीद।

जब व्यक्ति यह महसूस करता है कि उसे सुना जा रहा है, तभी वह खुलकर जुड़ता है।

सरल भाषा का महत्व

डायरेक्ट सेलिंग में भारी शब्द, तकनीकी भाषा या जटिल उदाहरण अक्सर भ्रम पैदा करते हैं। सरल भाषा का अर्थ यह नहीं कि बात साधारण हो, बल्कि यह कि **बात स्पष्ट** हो। जो लीडर कठिन बातों को सरल शब्दों में समझा देता है, वही वास्तव में प्रभावी संचार करता है।

शब्दों का चयन

हर शब्द अपनी ऊर्जा लेकर आता है। कुछ शब्द भरोसा बनाते हैं, कुछ शब्द डर पैदा करते हैं। उदाहरण के लिए—

"गारंटी", "पक्का", "जल्दी" जैसे शब्द तुरंत आकर्षित तो करते हैं, लेकिन बाद में अविश्वास भी पैदा कर सकते हैं। एक परिपक्व लीडर शब्दों का चयन सोच-समझकर करता है, ताकि सामने वाले को भ्रम नहीं, स्पष्टता मिले।

सही समय पर सही बात

कई बार बात सही होती है, लेकिन समय गलत होता है। डायरेक्ट सेलिंग में यह समझना बहुत ज़रूरी है कि हर व्यक्ति हर समय एक जैसी जानकारी ग्रहण करने की स्थिति में नहीं होता। प्लान से पहले, प्लान के दौरान और फॉलो-अप में एक ही तरह की भाषा का प्रयोग करना गलत संचार की निशानी है।

संचार में ईमानदारी

लोग शब्द भूल सकते हैं, लेकिन भावना नहीं भूलते। अगर आपकी बात में ईमानदारी है, तो सामने वाला उसे महसूस करता है। अधूरी जानकारी देना, बातों को घुमा-फिराकर कहना या सच को छुपाना—ये सब संचार को कमजोर बनाते हैं और लंबे समय में संबंधों को नुकसान पहुँचाते हैं।

संचार और भावनात्मक समझ

डायरेक्ट सेलिंग केवल तर्क का नहीं, भावनाओं का भी व्यवसाय है। हर व्यक्ति अपने अनुभव, परिस्थितियों और मानसिक स्थिति के साथ आता है। एक प्रभावी लीडर यह समझता है कि सामने वाला किस भावनात्मक स्थिति में है और उसी अनुसार संवाद करता है।

टीम के साथ संचार

टीम के साथ किया गया संचार नेतृत्व की पहचान बनता है। अगर लीडर केवल निर्देश देता है और सुनता नहीं, तो टीम धीरे-धीरे दूरी बना लेती है।

टीम मीटिंग, व्यक्तिगत बातचीत या मार्गदर्शन हो हर जगह संचार में सम्मान और धैर्य होना चाहिए।

आम संचार संबंधी गलतियाँ

- बीच में टोकना।
- सामने वाले की बात पूरी होने से पहले निष्कर्ष निकालना।
- बहुत ज़्यादा ज्ञान दिखाना।
- तुलना या ताना देना।
- भावनाओं को नजरअंदाज करना।

सभी गलतियाँ व्यक्ति को मानसिक रूप से दूर कर देती हैं।

संचार का अभ्यास

अच्छा संचार जन्मजात नहीं होता, यह अभ्यास से बनता है। हर बातचीत के बाद आत्म-विश्लेषण करना कि मैं कहाँ बेहतर कर सकता था और कहाँ चूक हुई— यही अभ्यास आपको बेहतर लीडर बनाता है।

संचार और निरंतरता

एक दिन अच्छा बोल लेने से नेतृत्व नहीं बनता। जब लोग आपको बार-बार स्पष्ट, शांत और सम्मानजनक संवाद करते देखते हैं, तभी आपके शब्दों का वजन बढ़ता है।

अध्याय का सार

संचार केवल बोलने की कला नहीं, बल्कि समझने और जोड़ने की क्षमता है। एक लीडर का प्रभाव उसके शब्दों की संख्या से नहीं, बल्कि उनके प्रभाव से तय होता है।

अध्याय का उद्देश्य

डायरेक्ट सेलिंग में संचार को एक रणनीति नहीं, बल्कि विश्वास और नेतृत्व का माध्यम बनाना।

अध्याय 4

नैतिक मूल्य

डायरेक्ट सेलिंग में लंबे समय तक टिके रहने वाले लोगों और कुछ समय बाद गायब हो जाने वालों के बीच सबसे बड़ा अंतर नैतिक मूल्यों का होता है। बहुत से लोग शुरुआत में तेज़ी से आगे बढ़ते हैं, लेकिन धीरे-धीरे उनका नेटवर्क बिखरने लगता है। जब कारण खोजा जाता है, तो अक्सर जड़ में **नैतिक मूल्यों** की कमी दिखाई देती है। नैतिक मूल्य किसी नियम-पुस्तिका में लिखी बातें नहीं होतीं। ये वे सिद्धांत होते हैं, जिनके आधार पर आप निर्णय लेते हैं, बातें करते हैं और लोगों के साथ व्यवहार करते हैं। डायरेक्ट सेलिंग में, जहाँ भरोसा ही सबसे बड़ी पूंजी है, वहाँ नैतिक मूल्य नेतृत्व की रीढ़ बन जाते हैं।

नैतिक मूल्य का वास्तविक अर्थ

अधिकांश लोग नैतिकता को केवल ईमानदारी तक सीमित समझते हैं। जबकि नैतिक मूल्य उससे कहीं व्यापक होते हैं। इनमें शामिल है—

- सच बोलना।
- अधूरी सच्चाई न बताना।
- सामने वाले के हित को समझना।
- गलत को गलत कहने का साहस।
- और सही को अपनाने की प्रतिबद्धता।

एक नैतिक लीडर वह होता है, जो यह नहीं देखता कि - "अभी क्या फायदा है" बल्कि यह देखता है कि "लंबे समय में क्या सही है"।

डायरेक्ट सेलिंग में नैतिक मूल्यों की आवश्यकता

डायरेक्ट सेलिंग ऐसा व्यवसाय है, जहाँ लोग पहले व्यक्ति पर भरोसा करते हैं, फिर सिस्टम पर। यदि व्यक्ति के व्यवहार में नैतिकता नहीं है, तो चाहे सिस्टम कितना भी अच्छा क्यों न हो, नेटवर्क कमजोर हो जाता है। जब कोई लीडर—

- बढ़ा-चढ़ाकर आय बताता है।
- जोखिम छुपाता है।
- या केवल ज्वाइनिंग के लिए गलत उम्मीदें देता है।

तो वह शायद कुछ समय के लिए परिणाम बना ले, लेकिन सम्मान खो देता है। और सम्मान के बिना यह व्यवसाय लंबे समय तक नहीं चलता।

नैतिक मूल्य और विश्वास

विश्वास अचानक नहीं बनता। यह छोटे-छोटे नैतिक निर्णयों से बनता है। जब आप—

- "नहीं" कहने वाले व्यक्ति का सम्मान करते हैं।
- झूठे वादे करने से बचते हैं।
- सच को सरल शब्दों में रखते हैं।

तो सामने वाला भले तुरंत निर्णय न ले, लेकिन वह आप पर भरोसा करना शुरू कर देता है। डायरेक्ट सेलिंग में यही -

भरोसा बाद में मजबूत नेटवर्क का आधार बनता है।

कठिन परिस्थितियों में नैतिकता की परीक्षा

नैतिक मूल्य आसान परिस्थितियों में नहीं, बल्कि कठिन समय में परखे जाते हैं। जब—

- टारगेट पूरे नहीं हो रहे हों।
- टीम दबाव में हो।
- या प्रतियोगिता अधिक हो।

तब शॉर्टकट अपनाने का मन करता है। यही वह समय होता है, जब एक लीडर का चरित्र सामने आता है। जो लीडर उस समय भी सही रास्ता चुनता है, वही वास्तव में टीम का विश्वास जीतता है।

टीम पर नैतिक मूल्यों का प्रभाव

टीम अपने लीडर को ध्यान से देखती है। वह यह नहीं देखती कि आप क्या कहते हैं, बल्कि यह देखती है कि आप क्या करते हैं। अगर लीडर—

- खुद नियम तोड़ता है।
- और टीम से अनुशासन की उम्मीद करता है तो टीम भ्रमित हो जाती है।

इसके विपरीत, जब लीडर स्वयं नैतिक मूल्यों का पालन करता है, तो टीम बिना कहे उसी दिशा में चलने लगती है।

नैतिक मूल्य और नेतृत्व की स्थिरता

डायरेक्ट सेलिंग में असली सफलता तेज़ी से ऊपर जाना नहीं, बल्कि **स्थिरता बनाए रखना** है। नैतिक मूल्य इस स्थिरता की नींव होते हैं। जो नेटवर्क नैतिक मूल्यों पर खड़ा होता है, वह बाहरी झटकों, अफवाहों और अस्थायी उतार-चढ़ाव से नहीं टूटता।

आम नैतिक चूक जो लोग करते हैं

- आय को बढ़ा-चढ़ाकर बताना।
- तुलना में दूसरे को नीचा दिखाना।
- सिस्टम की सीमाएँ न बताना।
- गलत उदाहरण देना।
- “सब ऐसे ही करते हैं” कहकर खुद को सही ठहराना।

ये छोटी लगने वाली बातें धीरे-धीरे नेटवर्क की विश्वसनीयता को कमजोर कर देती हैं।

नैतिकता और आत्म-सम्मान

नैतिक मूल्यों का सबसे बड़ा लाभ यह है कि वे **आत्म-सम्मान** को सुरक्षित रखते हैं। जब आप जानते हैं कि आपने किसी को गुमराह नहीं किया, किसी पर दबाव नहीं डाला, तो आपके भीतर एक **स्थिर आत्मविश्वास** बना रहता है।

यह आत्मविश्वास शब्दों से नहीं, अनुभव से आता है।

नैतिक नेतृत्व का दीर्घकालिक परिणाम

नैतिक नेतृत्व तुरंत तालियाँ नहीं दिलाता, लेकिन यह दीर्घकालिक सम्मान और स्थायी टीम देता है। ऐसे लीडर के साथ लोग इसलिए नहीं जुड़ते कि उन्हें जल्दी पैसा चाहिए, बल्कि इसलिए जुड़ते हैं कि उन्हें सही मार्गदर्शन चाहिए।

याद रखने योग्य बात

डायरेक्ट सेलिंग में सिस्टम सबके पास लगभग समान होता है। असली अंतर चरित्र से बनता है।

अध्याय का सार

नैतिक मूल्य डायरेक्ट सेलिंग में केवल आदर्श नहीं, बल्कि व्यावहारिक आवश्यकता हैं। नैतिक मूल्य विश्वास बनाते हैं, टीम को जोड़ते हैं और नेतृत्व को स्थिरता देते हैं।

अध्याय का उद्देश्य

लीडर को यह महसूस होना कि नैतिक मूल्यों के बिना कोई भी सफलता टिकाऊ नहीं होती, और सही आचरण ही दीर्घकालिक नेतृत्व की पहचान है।

अध्याय 5

व्यक्तित्व विकास

डायरेक्ट सेलिंग में लोग किसी प्रोडक्ट से नहीं, किसी प्लान से नहीं **व्यक्ति से जुड़ते हैं**। और व्यक्ति का प्रभाव उसके व्यक्तित्व से बनता है। बहुत से लोग यह मानते हैं कि व्यक्तित्व विकास का मतलब अच्छे कपड़े पहनना, अच्छा बोलना या मंच पर आत्मविश्वास से खड़ा होना है।

जबकि सच्चाई यह है कि व्यक्तित्व विकास उससे कहीं अधिक गहरा विषय है। यह आपके सोचने के तरीके, बोलने की शैली, सुनने की क्षमता और निर्णय लेने के ढंग से जुड़ा होता है। डायरेक्ट सेलिंग में व्यक्तित्व कोई अतिरिक्त योग्यता नहीं, बल्कि नेतृत्व की अनिवार्य शर्त है।

व्यक्तित्व विकास का वास्तविक अर्थ

व्यक्तित्व विकास का अर्थ किसी और जैसा बनना नहीं है। इसका अर्थ है — **अपने भीतर मौजूद सर्वोत्तम गुणों को निखारना**। एक प्रभावी व्यक्तित्व वह होता है। जो—

- परिस्थिति को समझ सके।
- सामने वाले की भावना को महसूस कर सके।
- और अपनी बात बिना दबाव के रख सके।

यह सब अभ्यास से आता है, जन्म से नहीं।

डायरेक्ट सेलिंग में व्यक्तित्व क्यों निर्णायक भूमिका निभाता है

डायरेक्ट सेलिंग में हर दिन आपको—

- नए लोगों से मिलना होता है।
- अलग-अलग सोच वाले व्यक्तियों से बात करनी होती है।
- असहमति, सवाल और कभी-कभी तिरस्कार का सामना करना होता है।

ऐसी स्थिति में केवल जानकारी काम नहीं आती। वहाँ संतुलित व्यक्तित्व ही आपको आगे बढ़ाता है। जो व्यक्ति—

- छोटी बातों पर विचलित हो जाता है।
- आलोचना को व्यक्तिगत ले लेता है।
- या हर "ना" को असफलता मान लेता है।

वह इस व्यवसाय में टिक नहीं पाता।

आत्म-जागरूकता ही व्यक्तित्व विकास की पहली सीढ़ी है।

व्यक्तित्व विकास की शुरुआत बाहर से नहीं, अंदर से होती है। आपको यह जानना होगा कि—

- आपकी ताकत क्या है।
- आपकी कमजोरी कहाँ है।
- आप किस परिस्थिति में असहज हो जाते हैं।

जो व्यक्ति खुद को समझ लेता है, वही दूसरों को सही तरीके से समझ पाता है। डायरेक्ट सेलिंग में आत्म-जागरूक लीडर

कम बोलकर भी गहरा प्रभाव छोड़ देता है।

संवाद शैली और व्यक्तित्व

आप क्या बोलते हैं, उससे ज़्यादा महत्वपूर्ण है **आप कैसे बोलते हैं**। संवाद शैली व्यक्तित्व का आईना होती है। एक अच्छा लीडर—

- सामने वाले को पूरा सुनता है।
- बीच में नहीं काटता।
- और असहमति में भी सम्मान बनाए रखता है।

ऐसी संवाद शैली लोगों को सहज बनाती है। और जहाँ सहजता होती है, वहीं विश्वास पनपता है।

व्यक्तित्व और धैर्य

डायरेक्ट सेलिंग में धैर्य कोई विकल्प नहीं, आवश्यकता है। व्यक्तित्व वही मजबूत होता है जो—

- तुरंत परिणाम न मिलने पर भी संतुलित रहता है।
- दूसरों की गति को समझता है।
- और हर किसी से एक-सा प्रदर्शन अपेक्षित नहीं करता।

धैर्यहीन व्यक्ति अच्छा सेल्समैन बन सकता है, लेकिन अच्छा लीडर नहीं।

अस्वीकृति और व्यक्तित्व

इस व्यवसाय में “ना” सुनना सामान्य है। लेकिन हर “ना” को संभालने का तरीका आपके व्यक्तित्व को परिभाषित करता है। जो व्यक्ति—

- “ना” को अपमान समझ लेता है।
- या खुद पर शक करने लगता है।

वह धीरे-धीरे पीछे हटने लगता है। जबकि मजबूत व्यक्तित्व वाला व्यक्ति “ना” को केवल एक उत्तर मानता है

निरंतर सीखने की आदत

व्यक्तित्व विकास कभी पूरा नहीं होता। जो लीडर यह मान लेता है कि “मैं सब जानता हूँ”, वहीं उसका विकास रुक जाता है। डायरेक्ट सेलिंग में प्रभावी व्यक्तित्व वही बनाता है—

- जो पढ़ता रहता है।
- सुनता रहता है।
- और खुद को अपडेट करता रहता है।

सीखने की आदत व्यक्ति को विनम्र भी बनाती है और प्रभावशाली भी।

व्यक्तित्व और अनुशासन

अनुशासन व्यक्तित्व की रीढ़ है। समय का पालन, वचन की कीमत और निरंतरता ये सब व्यक्तित्व को मजबूत करते हैं। टीम अपने लीडर को देखकर सीखती है। अगर लीडर का जीवन अस्त-व्यस्त है, तो टीम से अनुशासन की अपेक्षा करना व्यर्थ है।

व्यक्तित्व में स्थिरता

आज उत्साहित, कल निराश यह अस्थिरता टीम को भ्रमित करती है। मजबूत व्यक्तित्व वाला लीडर परिस्थितियों में बदलता नहीं, बल्कि परिस्थितियों को संभालता है। ऐसी स्थिरता ही लोगों को लंबे समय तक जोड़कर रखती है।

दिखावा बनाम वास्तविक व्यक्तित्व

डायरेक्ट सेलिंग में दिखावा जल्दी पकड़ में आ जाता है। महंगे शब्द, ऊँची आवाज़ और बनावटी आत्मविश्वास ये सब कुछ समय बाद खोखले लगने लगते हैं।

वास्तविक व्यक्तित्व—

- सादगी में प्रभाव रखता है।
- शब्दों से ज़्यादा व्यवहार से बोलता है।
- और परिणामों से अपनी पहचान बनाता है।

टीम के व्यक्तित्व पर लीडर का प्रभाव

टीम अपने लीडर का प्रतिबिंब होती है। यदि लीडर—

- शांत है, तो टीम संतुलित होती है।
- सीखने वाला है, तो टीम जिज्ञासु बनती है।
- ईमानदार है, तो टीम भरोसेमंद बनती है।

इसलिए व्यक्तित्व विकास केवल व्यक्तिगत लाभ नहीं, बल्कि टीम निर्माण की जिम्मेदारी भी है।

व्यक्तित्व विकास और दीर्घकालिक सफलता

डायरेक्ट सेलिंग में लोग आते-जाते रहते हैं। कंपनियाँ तौर तरीके में बदलाव कर सकती हैं, सिस्टम बदल सकते हैं। लेकिन मजबूत व्यक्तित्व हर परिस्थिति में व्यक्ति को आगे रखता है। यही कारण है कि कुछ लोग हर जगह परिणाम बनाते हैं, और कुछ लोग हर जगह संघर्ष करते हैं।

याद रखने योग्य पंक्ति

"डायरेक्ट सेलिंग में लोग आपके शब्दों से नहीं, आपके व्यक्तित्व से प्रभावित होते हैं।"

अध्याय का सार

व्यक्तित्व विकास डायरेक्ट सेलिंग में नेतृत्व की आधारशिला है। यह विश्वास, स्थिरता और प्रभाव पैदा करता है, जो किसी

भी टीम को लंबे समय तक जोड़कर रखता है।

अध्याय का उद्देश्य

लीडर को यह समझाना कि बाहरी कौशल से पहले आंतरिक विकास आवश्यक है, और सशक्त व्यक्तित्व ही स्थायी सफलता का मार्ग खोलता है।

अध्याय 6

समर्पण का महत्व

डायरेक्ट सेलिंग में बहुत से लोग मेहनत करते हैं, सीखते हैं, मीटिंग करते हैं, ट्रेनिंग लेते हैं और फिर भी कुछ दूरी पर आकर रुक जाते हैं। बाहर से देखने पर लगता है कि वे सब कुछ सही कर रहे हैं, लेकिन भीतर कहीं एक कमी रह जाती है। यह कमी न ज्ञान की होती है, न क्षमता की और न ही अवसर की। यह कमी होती है **समर्पण की**।

समर्पण का अर्थ अक्सर गलत समझ लिया जाता है। कई लोग समर्पण को मजबूरी, दबाव या आत्मसमर्पण की तरह देखते हैं, जबकि सच इसके बिल्कुल विपरीत है। समर्पण कमजोरी नहीं, बल्कि आंतरिक शक्ति का सबसे मजबूत रूप है।

यह वह स्थिति है जहाँ व्यक्ति परिणाम से पहले प्रक्रिया को स्वीकार करता है और रास्ते की कठिनाइयों से भागने के बजाय उन्हें सीख मानकर अपनाता है।

डायरेक्ट सेलिंग में समर्पण का मतलब यह नहीं है कि आप आँख बंद करके किसी की हर बात मान लें। इसका अर्थ है कि आप जिस सिस्टम, प्रक्रिया और सिद्धांत को समझकर अपनाते हैं, उसके प्रति ईमानदार रहें। आप हर दिन यह तय करें कि चाहे परिणाम आज दिखें या नहीं, आप सही तरीके से काम करना नहीं छोड़ेंगे।

अक्सर देखा गया है कि लोग शुरुआती उत्साह में बहुत जोश दिखाते हैं। कुछ मीटिंग्स, कुछ कॉल्स और कुछ रिजेक्शन के बाद वही लोग धीरे-धीरे ढीले पड़ने लगते हैं। यहाँ समस्या यह नहीं होती कि काम कठिन है, बल्कि यह होती है कि उनका समर्पण परिस्थितियों पर आधारित होता है।

जब माहौल अनुकूल होता है, वे सक्रिय रहते हैं और जब माहौल कठिन होता है, वे रुक जाते हैं।

सच्चा समर्पण परिस्थितियों से नहीं, **निर्णय से पैदा होता है**। जब कोई व्यक्ति भीतर से यह तय कर लेता है कि "मैं इस व्यवसाय को समय दूँगा, सीखूँगा और खुद को विकसित करूँगा," तब बाहरी परिस्थितियाँ उसे रोक नहीं पातीं। ऐसे लोग धीरे चलते हैं, लेकिन रुकते नहीं।

टीम लीडर के रूप में समर्पण का महत्व और भी बढ़ जाता है। टीम अपने लीडर को केवल उसके शब्दों से नहीं, बल्कि उसके व्यवहार से पहचानती है। अगर लीडर का समर्पण अस्थिर है, तो टीम भी अस्थिर हो जाती है। लेकिन जब लीडर कठिन समय में भी शांत, सकारात्मक और अनुशासित रहता है, तो टीम को भीतर से भरोसा मिलता है कि वे सही दिशा में हैं।

समर्पण का एक बड़ा पहलू है **सिस्टम के प्रति सम्मान**। डायरेक्ट सेलिंग में हर काम का एक क्रम होता है। एडिफ़िकेशन, प्रज़ेंटेशन, फॉलो-अप और टीम स्टार्टअप ये सब अलग-अलग नहीं, बल्कि एक ही श्रृंखला के हिस्से हैं। जो व्यक्ति इस क्रम को बार-बार बदलता है, वह खुद को भी भ्रमित करता है और टीम को भी। समर्पण का अर्थ है कि आप प्रक्रिया पर भरोसा करें और उसे समय दें।

बहुत से लोग यह गलती करते हैं कि वे दूसरों की गति देखकर अपना समर्पण तौलते हैं। अगर कोई जल्दी आगे बढ़ गया, तो वे खुद को कम आंकने लगते हैं और अगर कोई पीछे रह गया, तो ढीले पड़ जाते हैं। जबकि सच्चाई यह है

कि हर व्यक्ति की यात्रा अलग होती है। समर्पण का अर्थ है अपनी यात्रा पर ध्यान देना, न कि दूसरों की तुलना में खुद को मापना।

डायरेक्ट सेलिंग में समर्पण का एक और रूप है **सीखते रहने का समर्पण**। जो व्यक्ति यह मान लेता है कि वह सब जान चुका है, उसका विकास वहीं रुक जाता है। लेकिन जो व्यक्ति हर अनुभव से कुछ न कुछ सीखने को तैयार रहता है, वही लंबे समय तक टिक पाता है। समर्पण यहाँ अहंकार छोड़ने का नाम है।

समर्पण केवल बड़े फैसलों में नहीं, छोटे व्यवहारों में भी दिखाई देता है। समय पर मीटिंग करना, वादा निभाना, टीम के सवालों का धैर्य से जवाब देना, और नकारात्मक परिस्थितियों में भी भाषा और व्यवहार को संतुलित रखना।

ये सब समर्पण के ही रूप हैं। यही छोटे-छोटे व्यवहार समय के साथ बड़े परिणाम बनाते हैं।

अक्सर लोग कहते हैं कि "मेरी टीम काम नहीं कर रही" या "लोग साथ नहीं दे रहे।" लेकिन अगर गहराई से देखा जाए, तो कई बार टीम का प्रतिबिंब लीडर के समर्पण का ही परिणाम होता है। जहाँ लीडर खुद अधूरा समर्पण दिखाता है, वहाँ टीम से पूर्ण प्रतिबद्धता की उम्मीद करना व्यावहारिक नहीं होता।

समर्पण का एक महत्वपूर्ण पहलू है **धैर्य**। डायरेक्ट सेलिंग तुरंत फल देने वाला व्यवसाय नहीं है। यह समय के साथ पकने वाला अवसर है। जो व्यक्ति जल्दी परिणाम की अपेक्षा में प्रक्रिया को छोड़ देता है, वह अक्सर ठीक उसी

समय रुक जाता है जब परिणाम आने वाले होते हैं। समर्पण का अर्थ है कि आप समय को अपना काम करने दें।

यह भी समझना ज़रूरी है कि समर्पण का मतलब **अंधी मेहनत नहीं है**। यह समझदारी भरी निरंतरता है। सही दिशा में, सही लोगों के साथ और सही तरीके से काम करना ही सच्चा समर्पण है। जहाँ दिशा गलत हो, वहाँ रुकना भी बुद्धिमानी हो सकती है। लेकिन जहाँ दिशा सही हो, वहाँ टिके रहना ही **समर्पण कहलाता है**।

समर्पण व्यक्ति को भीतर से मजबूत बनाता है। जब व्यक्ति परिणाम से ज़्यादा प्रक्रिया पर ध्यान देता है, तो उसका तनाव कम होता है और आत्मविश्वास बढ़ता है। वह असफलताओं को व्यक्तिगत अपमान नहीं मानता, बल्कि सीख का हिस्सा मानता है। यही दृष्टिकोण लंबे समय तक स्थिरता देता है।

डायरेक्ट सेलिंग में जो लोग वर्षों तक टिके रहते हैं, वे किसी जादू के कारण नहीं, बल्कि अपने समर्पण के कारण सफल होते हैं। उन्होंने खुद से यह वादा किया होता है कि वे इस व्यवसाय को आधे मन से नहीं, पूरे मन से करेंगे। यही पूर्णता उन्हें दूसरों से अलग बनाती है।

अंत में, यह समझना ज़रूरी है कि समर्पण कोई एक दिन का निर्णय नहीं, बल्कि हर दिन दोहराया जाने वाला संकल्प है। हर सुबह यह तय करना कि आज भी मैं सही तरीके से काम करूँगा, चाहे मन करे या न करे।

यही दैनिक समर्पण धीरे-धीरे एक मजबूत लीडर का निर्माण करता है।

अध्याय का सार

समर्पण डायरेक्ट सेलिंग में सफलता की वह नींव है जिस पर स्थिर और सम्मानजनक करियर खड़ा होता है। यह परिणाम से पहले प्रक्रिया को अपनाने, कठिन परिस्थितियों में भी टिके रहने और निरंतर सीखते रहने की मानसिकता है।

जहाँ समर्पण मजबूत होता है, वहाँ अस्थायी असफलताएँ भी विकास का माध्यम बन जाती हैं।

अध्याय का उद्देश्य

इस अध्याय का उद्देश्य यह है कि डायरेक्ट सेलिंग में वास्तविक सफलता केवल तकनीक या रणनीति से नहीं, बल्कि गहरे समर्पण से आती है। पाठक यह समझ सकें कि समर्पण कमजोरी नहीं, बल्कि नेतृत्व की सबसे बड़ी शक्ति है और यही शक्ति उन्हें लंबे समय तक टिके रहने और दूसरों के लिए उदाहरण बनने में मदद करती है।

अध्याय 7

आत्मविश्वास का विकास

डायरेक्ट सेलिंग में जितने भी बड़े लीडर दिखाई देते हैं, उन सभी में एक गुण समान होता है **आत्मविश्वास**। यह आत्मविश्वास ऊँची आवाज़ में बोलने से नहीं आता, न ही मंच पर खड़े होने से अपने आप बनता है। यह धीरे-धीरे विकसित होता है, अनुभव, समझ और निरंतर अभ्यास से।

बहुत से लोग सोचते हैं कि "पहले आत्मविश्वास आएगा, फिर काम करेंगे।" जबकि वास्तविकता इसके ठीक उलट है। डायरेक्ट सेलिंग में पहले काम करना पड़ता है, आत्मविश्वास रास्ते में बनता है।

आत्मविश्वास का सही अर्थ

अक्सर आत्मविश्वास को गलत समझा जाता है। कुछ लोग इसे अकड़ समझ लेते हैं, कुछ लोग इसे दिखावा मान लेते हैं। असल में आत्मविश्वास का अर्थ है अपने आप पर और अपनी प्रक्रिया पर भरोसा। यह भरोसा कि—

- मैं सीख सकता हूँ।
- मै सुधार कर सकता हूँ।
- और मैं समय के साथ बेहतर बन सकता हूँ।

जिस व्यक्ति को यह भरोसा होता है, वह असफलता से डरता नहीं, वह उससे सीखता है।

आत्मविश्वास की कमी कहाँ से आती है

डायरेक्ट सेलिंग में आत्मविश्वास की कमी अधिकतर तीन कारणों से आती है—

1. तुरंत परिणाम न मिलना।

2. दूसरों से तुलना।

3. बार-बार नकारात्मक प्रतिक्रिया।

जब व्यक्ति मेहनत करता है और परिणाम देर से आते हैं, तो उसके भीतर संदेह पैदा होने लगता है। यही संदेह धीरे-धीरे आत्मविश्वास को कमजोर करता है।

ज्ञान और आत्मविश्वास का संबंध

आत्मविश्वास हवा में नहीं बनता, उसकी नींव ज्ञान पर टिकी होती है। जब आपको—

- अपने प्लान की समझ होती है।
- अपनी प्रक्रिया स्पष्ट होती है।
- और अपनी भूमिका पता होती है।

तो आप स्वाभाविक रूप से शांत और स्थिर रहते हैं। जो व्यक्ति आधी - अधूरी जानकारी के साथ काम करता है, वह अंदर से डरा रहता है, और डर आत्मविश्वास को खा जाता है।

अभ्यास ही आत्मविश्वास का असली शिक्षक है

डायरेक्ट सेलिंग में आत्मविश्वास पुस्तकें पढ़ने से नहीं, मैदान में उतरने से बनता है। पहली मीटिंग में झिझक होगी, पहले कॉल में आवाज़ काँपेगी, पहले फॉलो-अप में संकोच आएगा। लेकिन जो व्यक्ति रुकता नहीं, वही आगे बढ़ता है। हर प्रयास, चाहे असफल ही क्यों न हो, आत्मविश्वास की एक ईंट जोड़ देता है।

अस्वीकृति को व्यक्तिगत न लेना

डायरेक्ट सेलिंग में "ना" सुनना सामान्य है। लेकिन बहुत से लोग इस "ना" को अपने व्यक्तित्व से जोड़ लेते हैं। वे सोचने लगते हैं। शायद मुझमें ही कमी है। यहीं आत्मविश्वास टूटता है। एक समझदार लीडर जानता है कि **लोग प्लान को "ना" कहते हैं, व्यक्ति को नहीं**। जब तक आप इस फर्क को नहीं समझेंगे, तब तक आत्मविश्वास स्थिर नहीं हो सकता।

आत्म संवाद की भूमिका

व्यक्ति दिन भर दूसरों से कम, अपने आप से ज़्यादा बात करता है। अगर आपके भीतर की आवाज़ बार-बार कहती है—"मुझसे नहीं होगा" "मैं दूसरों जैसा नहीं हूँ" तो बाहर से कोई भी आपको प्रेरित नहीं कर सकता। आत्मविश्वास तब बढ़ता है, जब आप अपने भीतर के संवाद को नियंत्रित करना सीखते हैं।

छोटे लक्ष्य — बड़ा प्रभाव

बहुत से लोग बहुत बड़े लक्ष्य लेकर चलते हैं और जब तुरंत हासिल नहीं होते, तो निराश हो जाते हैं। आत्मविश्वास बढ़ाने का सबसे अच्छा तरीका है। छोटे-छोटे लक्ष्य तय करना और उन्हें पूरा करना। हर पूरा हुआ लक्ष्य आपके भीतर यह विश्वास बढ़ाता है कि आप आगे भी कर सकते हैं।

तुलना ही आत्मविश्वास का सबसे बड़ा शत्रु है

डायरेक्ट सेलिंग में तुलना बहुत आसानी से हो जाती है। सोशल मीडिया, मीटिंग और मंच हर जगह दूसरे लोगों की उपलब्धियाँ दिखती हैं। अगर आप हर समय दूसरों से खुद को तौलेंगे, तो आत्मविश्वास कभी स्थिर नहीं रहेगा। एक असरदार लीडर खुद की तुलना केवल अपने कल से करता है।

सही वातावरण का प्रभाव

आत्मविश्वास केवल व्यक्ति का गुण नहीं, यह वातावरण से भी बनता और बिगड़ता है। अगर आप—

- लगातार नकारात्मक लोगों के बीच रहते हैं।
- असफलता की ही चर्चा सुनते हैं।

तो आत्मविश्वास कमजोर होगा। इसलिए लीडर का दायित्व है, कि वह खुद को और अपनी टीम को सकारात्मक -

वातावरण दे।

जिम्मेदारी लेना

आत्मविश्वास तब बढ़ता है जब व्यक्ति जिम्मेदारी लेना सीखता है। गलती होने पर—

- बहाने न बनाए।
- दोष दूसरों पर न डाले।

बल्कि सीखे और आगे बढ़े। जो व्यक्ति अपनी जिम्मेदारी स्वीकार करता है, वह भीतर से मजबूत होता है।

आत्मविश्वास और धैर्य

डायरेक्ट सेलिंग एक लंबी यात्रा है। यहाँ अधीर व्यक्ति टिक नहीं पाता। धैर्य का अर्थ रुकना नहीं, बल्कि निरंतर सही दिशा में चलते रहना है। धैर्य के साथ किया गया प्रयास आत्मविश्वास को स्थायी बनाता है।

लीडर का आत्मविश्वास टीम पर असर डालता है

टीम लीडर का आत्मविश्वास पूरी टीम की मानसिक स्थिति तय करता है। अगर लीडर घबराया हुआ है, तो टीम भी अस्थिर हो जाएगी और अगर लीडर शांत और संतुलित है -

तो टीम कठिन समय में भी टिकी रहेगी।

आत्मविश्वास और विनम्रता

सच्चा आत्मविश्वास कभी घमंड में नहीं बदलता। जो व्यक्ति आत्मविश्वासी होता है, वह सीखने को हमेशा तैयार रहता है। विनम्रता आत्मविश्वास को कम नहीं करती, बल्कि उसे और गहरा बनाती है।

आत्मविश्वास का निर्माण एक प्रक्रिया है

यह किसी एक दिन में नहीं बनता। यह अनुभव, गलतियाँ, सुधार और निरंतरता से बनता है। जो व्यक्ति इस प्रक्रिया को स्वीकार कर लेता है, वही लंबे समय तक आगे बढ़ता है।

अध्याय का सार

आत्मविश्वास दिखावे से नहीं, ज्ञान, अभ्यास और धैर्य से बनता है। डायरेक्ट सेलिंग में वही व्यक्ति टिकता है जो असफलता के बावजूद खुद पर भरोसा बनाए रखता है।

अध्याय का उद्देश्य

लीडर के लिए यह जानकारी साझा करना कि आत्मविश्वास कोई जन्मजात गुण नहीं। बल्कि यह विकसित की जाने

वाली क्षमता है, जो सही सोच, अभ्यास और वातावरण से मजबूत होती है।

अध्याय 8

अवचेतन मस्तिष्क की ताकत

डायरेक्ट सेलिंग में कई बार ऐसा होता है, कि दो लोग एक ही सिस्टम में एक ही समय पर, एक जैसी मेहनत करते हैं फिर भी परिणाम अलग-अलग आते हैं। बाहर से देखने पर फर्क समझ नहीं आता, लेकिन भीतर एक बड़ा अंतर होता है **अवचेतन मस्तिष्क का प्रभाव**।

डायरेक्ट सेलिंग केवल बाहरी क्रियाओं का व्यवसाय नहीं है, यह अंदर चल रही सोच, विश्वास और आदतों का भी खेल है। जो व्यक्ति अपने अवचेतन को समझ लेता है, वह बिना ज़ोर लगाए भी आगे बढ़ने लगता है।

अवचेतन मस्तिष्क क्या है

मानव मस्तिष्क के दो प्रमुख भाग होते हैं—

1. चेतन मस्तिष्क।

2. अवचेतन मस्तिष्क।

चेतन मस्तिष्क वह है जिससे हम सोचते हैं, निर्णय लेते हैं और तर्क करते हैं। लेकिन यह दिन भर में बहुत सीमित समय तक सक्रिय रहता है।

अवचेतन मस्तिष्क वह है जो बिना रुके लगातार काम करता रहता है। हमारी आदतें, डर, विश्वास, आत्म छवि सब यहीं संग्रहित रहते हैं।

डायरेक्ट सेलिंग में व्यक्ति क्या करेगा, कितना टिकेगा, और कब हार मानेगा, इन सब का निर्णय ज़्यादातर अवचेतन स्तर पर होता है।

अवचेतन मस्तिष्क और विश्वास

अगर किसी व्यक्ति के भीतर यह गहरा विश्वास बैठा है कि **"यह काम बहुत मुश्किल है"** या "मुझसे नहीं हो पाएगा" तो वह चाहे ऊपर से कितना भी जोश दिखाए, अंदर से खुद को रोकता रहेगा। इसके उलट, अगर अवचेतन में यह धारणा बन जाए कि **"मैं सीख सकता हूँ"** मेहनत से परिणाम आते हैं, तो व्यक्ति अपने आप अवसर खोजने लगता है।

बचपन व पुराने अनुभवों का लीडर पर प्रभाव

बहुत से लोगों का आत्मविश्वास आज की परिस्थिति से नहीं, बल्कि पुराने अनुभवों से नियंत्रित होता है। अगर किसी ने पहले—

- बार-बार असफलता देखी है।
- आलोचना सुनी है।
- या खुद को कमतर महसूस किया है।

तो उसका अवचेतन मस्तिष्क नए अवसरों में भी डर पैदा करता है। डायरेक्ट सेलिंग में लीडर को यह समझना चाहिए, कि हर व्यक्ति केवल वर्तमान नहीं, अपना पूरा अतीत लेकर आता है।

अवचेतन और आदतें

हम जो रोज़ करते हैं, वह धीरे-धीरे अवचेतन में बैठ जाता-

है। अगर कोई व्यक्ति—

- टालने की आदत बना ले।
- बहाने ढूँढता रहे।
- या असफलता से भागे।

तो उसका अवचेतन उसी दिशा में काम करने लगता है। लेकिन इसके विपरीत, छोटी-छोटी सकारात्मक आदतें आपका धीरे-धीरे मजबूत आधार भी बना देती हैं।

दोहराव का सिद्धांत

अवचेतन मस्तिष्क तर्क से नहीं, दोहराव से सीखता है। जो बात आप बार-बार सोचते हैं, जो शब्द आप खुद से बार-बार कहते हैं, वही आपकी वास्तविकता बनती है। अगर कोई व्यक्ति रोज़ खुद से कहे— "यह बिज़नेस बहुत स्लो है" तो अवचेतन उसे उसी दिशा में ले जाएगा।

लेकिन अगर वह कहे कि — "मैं रोज़ थोड़ा बेहतर हो रहा हूँ" तो सोच और सफलता का रास्ता सकारात्मक रूप में बदलने लगता है।

लीडर का अवचेतन टीम को प्रभावित करता है

टीम केवल लीडर की बात नहीं सुनती, वह उसकी मानसिक स्थिति भी महसूस करती है। अगर लीडर भीतर से असुरक्षित है, तो टीम में भी अस्थिरता आएगी। अगर लीडर के भीतर-

स्थिर विश्वास है, तो टीम कठिन समय में भी शांत रहती है। इसलिए लीडर का काम केवल टीम को ट्रेन करना नहीं, खुद को भी लगातार मजबूत करना है।

कल्पना और अवचेतन

अवचेतन मस्तिष्क वास्तविकता और कल्पना में अंतर नहीं करता। अगर कोई व्यक्ति बार-बार अपने मन में—

- सफल मीटिंग।
- संतुलित बातचीत।
- और सकारात्मक परिणाम देखता है।

तो उसका अवचेतन उसी दिशा में व्यवहार तैयार करता है। इसीलिए अनुभवी लीडर किसी भी महत्वपूर्ण कार्य से पहले मानसिक तैयारी करते हैं।

डर और अवचेतन

डायरेक्ट सेलिंग में डर स्वाभाविक है—

- अस्वीकृति का डर।
- मज़ाक बनने का डर।
- असफल होने का डर।

ये डर चेतन नहीं, अवचेतन स्तर पर काम करते हैं। जब तक व्यक्ति इन्हें पहचानता नहीं, तब तक वह आगे बढ़ने में-

हिचकिचाता है। डर को दबाने से नहीं, समझने से शक्ति मिलती है।

अवचेतन को सकारात्मक दिशा देना

अवचेतन को बदलने के लिए बहुत बड़े उपायों की ज़रूरत नहीं होती। छोटे लेकिन निरंतर अभ्यास पर्याप्त होते हैं—

- दिन की शुरुआत सकारात्मक विचार से।
- सही लोगों के साथ समय बिताना।
- अपने प्रयासों की सराहना करना।
- नकारात्मक आत्म संवाद को रोकना।

ये सभी धीरे-धीरे अवचेतन को प्रशिक्षित करते हैं।

समय और धैर्य

अवचेतन मस्तिष्क तुरंत नहीं बदलता। जो विश्वास सालों में बने हैं, वे कुछ दिनों में नहीं टूटते। लीडर को खुद के लिए भी और टीम के लिए भी यह धैर्य रखना होगा।

अवचेतन और निरंतरता

जो व्यक्ति कुछ दिन अभ्यास करता है और फिर छोड़ देता है, उसका अवचेतन भ्रमित हो जाता है। निरंतरता ही वह चाबी है जो अवचेतन को नई दिशा देती है।

अवचेतन और पहचान

जब व्यक्ति खुद को "सीखने वाला, मेहनती और जिम्मेदार" मानने लगता है। तो उसका अवचेतन उसी पहचान के अनुरूप निर्णय लेने लगता है। यही पहचान डायरेक्ट सेलिंग में लंबी सफलता का आधार बनती है।

याद रखने योग्य बात

डायरेक्ट सेलिंग में सबसे बड़ा विरोधी बाहर नहीं, अंदर होता है। और सबसे बड़ा सहयोगी भी अंदर ही होता है।

अध्याय का सार

अवचेतन मस्तिष्क हमारी सोच, आदतों और विश्वासों का केंद्र है। डायरेक्ट सेलिंग में स्थायी सफलता वही व्यक्ति पाता है जो अपने भीतर चल रही प्रक्रियाओं को समझता और सुधारता है।

अध्याय का उद्देश्य

लीडर को यह जानकारी साझा करना कि बाहरी रणनीतियों के साथ-साथ अंदर की मानसिक संरचना पर काम करना उतना ही आवश्यक है, क्योंकि वही लंबे समय तक परिणाम तय करती है।

अध्याय 9

बोले गए शब्दों की ताकत

डायरेक्ट सेलिंग में सबसे महत्वपूर्ण संसाधन केवल उत्पाद या प्लान नहीं, बल्कि **आपके शब्द** होते हैं। ये शब्द छोटे-छोटे ध्वनि के समूह आपके विचार, अनुभव और विश्वास का बाहरी रूप हैं। वे न केवल जानकारी देते हैं, बल्कि व्यक्ति के मन में विश्वास, आशा और प्रेरणा भी जगाते हैं।

बहुत से नए लीडर सोचते हैं कि "प्रज़ेंटेशन लंबा, आंकड़े बड़े और स्लाइड्स चमकदार हों, तो लोग प्रभावित होंगे।" असल में, **वास्तविक असर आपके बोले गए शब्दों का होता है**।

शब्दों का प्रभाव

शब्द केवल अर्थ नहीं रखते, वे भावना भी व्यक्त करते हैं। उदाहरण के लिए: "आप इसमें सफल नहीं हो सकते।" यह शब्द सुनते ही सामने वाला हतोत्साहित हो जाएगा। वहीं, अगर आप कहें— "यह काम सही तरीका अपनाने पर संभव है, और मैं आपके साथ हूँ।" तो सामने वाले में **विश्वास और जुड़ाव** पैदा होता है।

शब्दों का चयन

लीडर के लिए जरूरी है कि वह हर शब्द सोच-समझ कर बोले। कुछ मुख्य दिशा-निर्देश हैं:

1. सकारात्मक भाषा का प्रयोग करें:

- नकारात्मक शब्द से बचें।

- “मुश्किल” के बजाय “चुनौती” कहें।

2. स्पष्ट और संक्षिप्त बोलें:

- लंबी, उलझी हुई बात सुनने वाला जल्दी थक जाता है।
- छोटा और सरल वाक्य याद रखने में आसान होता है।

3. व्यक्ति के नजरिए से सोचें:

- शब्द ऐसे चुनें कि सामने वाले को लगे कि आप उसकी स्थिति समझते हैं।

शब्द और विश्वास

जब शब्दों में ईमानदारी होती है, तो विश्वास अपने आप बनता है। लीडर जो दिखावा या झूठ बोलता है, उसकी बात जल्दी खो जाती है। डायरेक्ट सेलिंग में लोग अपने पैसे नहीं, अपने विश्वास और समय को निवेश करते हैं। इसलिए **आपके शब्द ही निवेश का आधार** होते हैं।

शब्द और टीम

टीम के भीतर भी शब्दों का बहुत असर है। यदि आप केवल आलोचना और दोष दिखाते हैं, तो टीम का मनोबल टूटता है। यदि आप प्रेरणा और मार्गदर्शन के शब्द चुनते हैं, तो टीम तेजी से सीखती और बढ़ती है।

उदाहरण:

- गलती पर कहें—"इस जगह सुधार की आवश्यकता है।"
- न कि—"आपने सब गलत किया।"

पहला शब्द टीम में सुधार और सीख को बढ़ावा देता है, दूसरा शब्द डर और हतोत्साह पैदा करता है।

शब्द और ग्राहक

डायरेक्ट सेलिंग में ग्राहक भी टीम की तरह हैं। उनके सामने शब्द **विश्वास और सम्मान** जताने के लिए होते हैं।

सही शब्द से:

- ग्राहक समझता है कि आप विशेषज्ञ हैं।
- वह महसूस करता है कि आप केवल बेचने के लिए नहीं, बल्कि उनकी मदद के लिए हैं।

गलत शब्द से:

- ग्राहक असमर्थता और संदेह महसूस करता है।
- बिक्री नहीं होती, और संबंध टूटते हैं।

शब्द और फॉलो-अप

फॉलो-अप में शब्दों की शक्ति और भी बढ़ जाती है। सामने

वाले व्यक्ति के पास समय और सोच होती है, और उसके अवचेतन में आपके शब्द गहराई से बैठते हैं। इसलिए फॉलो-अप के दौरान:

- दबाव नहीं डालें।
- सकारात्मक दृष्टिकोण रखें।
- समाधान और सहायता के शब्द चुनें।

अभ्यास से शब्दों की ताकत बढ़ाना

1. हर दिन अपने बोले गए शब्दों पर ध्यान दें।

2. सकारात्मक और स्पष्ट भाषा का अभ्यास करें।

3. सुनना सीखें अर्थात सामने वाले की प्रतिक्रिया को समझें।

4. समीक्षा करें अर्थात दिन के अंत में देखें कि कौन से शब्द सही असर डाल रहे हैं।

याद रखने योग्य बात

"डायरेक्ट सेलिंग में लोग केवल प्लान से नहीं, बल्कि शब्दों और उनकी भावना से जुड़ते हैं।" शब्द सिर्फ संवाद का माध्यम नहीं, यह विश्वास, प्रेरणा और सकारात्मक असर का मूल आधार हैं।

अध्याय का सार

शब्द केवल ध्वनि नहीं हैं, वे सोच और विश्वास को प्रभावित करते हैं। लीडर के सही शब्द टीम, ग्राहक और व्यक्तिगत विकास में स्थायी असर डालते हैं।

अध्याय का उद्देश्य

लीडर को यह अहसास दिलाना कि शब्दों की ताकत को नजरअंदाज नहीं किया जा सकता। सही शब्द चयन और प्रयोग से विश्वास, जुड़ाव और परिणाम सभी बढ़ते हैं।

अध्याय 10

समय प्रबंधन

डायरेक्ट सेलिंग में सफलता का एक बड़ा हिस्सा **समय का सही प्रबंधन करना** है। बहुत से नए लोग काम में खो जाते हैं, कई कार्य एक साथ करने की कोशिश में थक जाते हैं और फिर परिणामों में निराशा महसूस करते हैं। समय प्रबंधन केवल "ज़्यादा काम करना" नहीं है। यह काम को सही प्राथमिकता देना, महत्वपूर्ण कार्यों पर ध्यान देना और अनुशासन बनाए रखना है।

समय का मूल्य

हर व्यक्ति के पास दिन के 24 घंटे समान रूप से हैं। लेकिन यही समय कुछ लोगों को सफलता देता है और दूसरों को असफलता। समय का मूल्य समझना यह जानने में मदद करता है कि—

- कौन सा काम तुरंत जरूरी है।
- कौन सा काम लंबी अवधि में अधिक लाभ देगा।
- कौन से कार्य दूसरों को सौंपे जा सकते हैं।

उदाहरण के लिए:

एक लीडर दिन की शुरुआत **टीम मीटिंग और प्लानिंग** से करता है, और दिन के अंत में **फॉलो-अप और समीक्षा** करता है। इस तरह उसका समय अधिक उत्पादक बनता है।

प्राथमिकता तय करना

सभी कार्य समान नहीं होते। लीडर को यह तय करना पड़ता है कि—

1. कौन सा कार्य **तत्काल परिणाम** देगा।

2. कौन सा कार्य **लंबी अवधि में फायदा** देगा।

3. कौन सा कार्य **दूसरों को सौंपा** जा सकता है।

जब प्राथमिकता तय होती है, तो समय की बर्बादी कम होती है, और परिणाम स्पष्ट दिखते हैं।

दिन की योजना

समय प्रबंधन का सबसे सरल तरीका है—**दिन की योजना बनाना।**

- सुबह 10–15 मिनट अपनी पूरी दिनचर्या का खाका बनाएं।
- महत्वपूर्ण कार्य पहले करें।
- गैर-जरूरी कार्यों को बाद में या छोड़ दें।

उदाहरण:

- सुबह: नए सदस्यों को ट्रेन करना।
- दोपहर: ग्राहक फॉलो-अप।
- शाम: टीम समीक्षा और व्यक्तिगत अध्ययन।

इस प्रकार योजना से काम करना, लीडर के आत्मविश्वास और टीम के विश्वास दोनों को बढ़ाता है।

अवरोध और उनका समाधान

समय प्रबंधन में सबसे बड़ी बाधा होती है—**अवरोध और ध्यान भटकना**।

- फोन पर अनावश्यक कॉल।
- सोशल मीडिया की आदत।
- बार-बार मिलने वाले बिना योजना के लोग।

इनसे बचने के लिए—

- समय स्लॉट निर्धारित करें।
- गैर-जरूरी चीज़ों को टालें।
- आवश्यकतानुसार "ना" कहना सीखें।

समय और ऊर्जा का संतुलन

डायरेक्ट सेलिंग में केवल समय का ध्यान रखना पर्याप्त नहीं है। आपकी ऊर्जा का सही प्रबंधन भी उतना ही महत्वपूर्ण है।

- सुबह का समय सक्रिय कार्यों के लिए सबसे उपयुक्त है।
- दोपहर में हल्का कार्य और योजना करना सही है।
- शाम में समीक्षा और तैयारी।

ऊर्जा और समय का संतुलन बनाए रखना, लीडर को लंबे समय तक सक्रिय और प्रेरित रखता है।

फोकस बनाए रखना

समय प्रबंधन का सबसे अहम हिस्सा है **फोकस बनाए रखना**।

- एक समय में एक ही कार्य करें।
- मल्टीटास्किंग से बचें, क्योंकि यह परिणाम कम करती है।
- छोटे-छोटे ब्रेक लें, ताकि दिमाग ताजा रहे।

उदाहरण:

मीटिंग के दौरान मोबाइल या अन्य काम न करना, लीडर को पूरी तरह उपस्थित और प्रभावी बनाता है।

समय सीमा और लक्ष्य

हर कार्य के लिए समय सीमा तय करना, प्रगति को मापने और आत्म-अनुशासन बनाए रखने में मदद करता है।

उदाहरण:

- नए सदस्य को प्लान देने की समय सीमा 40 से 45 मिनट।
- ग्राहक के घर पर फॉलो-अप की समय सीमा 20-25 मिनट।
- व्यक्तिगत अध्ययन और समीक्षा के लिए दैनिक समय निर्धारित।

समय सीमा तय होने पर टीम और व्यक्ति दोनों जिम्मेदार महसूस करते हैं।

समय का रिकॉर्ड रखना

लीडर को अपनी गतिविधियों का रिकॉर्ड रखना चाहिए। यह देखने में मदद करता है कि—

- कौन से कार्य समय पर हुए।
- कहाँ देरी हुई।
- सुधार की आवश्यकता कहाँ है।

इससे योजना और रणनीति सुधारने में मदद मिलती है।

निरंतर सुधार

समय प्रबंधन कोई स्थायी प्रणाली नहीं है। प्रत्येक दिन सीखने और सुधारने का अवसर है। दिन के अंत में समीक्षा करें। देखें कि -

- कौन सा कार्य जल्दी हुआ।
- कौन सा लंबा खिंच गया।
- अगली बार के लिए रणनीति बनाएं।

अध्याय का सार

समय प्रबंधन केवल योजना बनाना नहीं है, यह प्राथमिकता-

तय करना, ऊर्जा संतुलन बनाए रखना, और लगातार सुधार करना है। लीडर जो समय का सही प्रबंधन करता है, वह व्यक्तिगत और टीम दोनों स्तर पर स्थायी सफलता पाता है।

अध्याय का उद्देश्य

लीडर को यह अनुभव कराना कि समय और ऊर्जा का सही प्रबंधन ही डायरेक्ट सेलिंग में लंबे समय तक सफलता सुनिश्चित करता है।

अध्याय 11

वित्त प्रबंधन

डायरेक्ट सेलिंग में कई नए लोग केवल बिक्री और टीम बढ़ाने पर ध्यान देते हैं, लेकिन असली सफलता वही हासिल करता है, जो **वित्त का सही प्रबंधन** करता है। वित्त प्रबंधन केवल पैसा बचाने या खर्च करने का नाम नहीं है, बल्कि यह समझदारी, योजना और अनुशासन का परिणाम है।

डायरेक्ट सेलिंग में वित्त क्यों महत्वपूर्ण है

डायरेक्ट सेलिंग में आय स्थिर नहीं होती। एक महीने में अधिक बिक्री, दूसरे महीने कम बिक्री यह सामान्य है। यदि व्यक्ति के पास वित्तीय योजना नहीं है, तो आय में उतार-चढ़ाव उसे मानसिक और व्यावसायिक रूप से प्रभावित करता है। सफल लीडर यह समझते हैं कि—

- आपका व्यवसाय और आपकी व्यक्तिगत वित्त एक-दूसरे पर निर्भर हैं।
- व्यक्तिगत वित्त की मजबूती टीम में विश्वास और स्थिरता लाती है।

आय और खर्च का संतुलन

सबसे पहला नियम है—**आय और खर्च का संतुलन**।

- जितना भी कमाया, उसका एक हिस्सा बचाना चाहिए।
- अनावश्यक खर्च कम करें।
- केवल आवश्यकताओं पर ध्यान दें।

उदाहरण:

यदि महीने में ₹50,000 कमाए, तो कम से कम 30-40% हिस्सा निवेश या बचत में रखना चाहिए। बाकी आवश्यक जीवन खर्च और व्यवसायिक खर्च में विभाजित करें।

निवेश की योजना

वित्त प्रबंधन में स्मार्ट निवेश जरूरी है।

- **लघु अवधि के लिए:** आपातकालीन फंड तैयार करें।
- **मध्यम अवधि के लिए:** छोटे व्यवसाय या योजनाओं में निवेश करें।
- **दीर्घ अवधि के लिए:** स्थायी संपत्ति या रिटायरमेंट योजनाओं में निवेश करें।

निवेश से न केवल धन बढ़ता है, बल्कि मानसिक सुरक्षा भी मिलती है।

टीम और वित्तीय शिक्षा

लीडर केवल अपनी वित्तीय स्थिति नहीं सुधारते, वे अपनी टीम को भी वित्तीय अनुशासन सिखाते हैं।

- टीम को खर्च और बचत का महत्व समझाएं।
- सही निवेश और व्यावसायिक खर्च का संतुलन बताएं।

- टीम के लिए बजट और समय सीमा तय करें।

इससे टीम का भरोसा बढ़ता है और लीडर का सम्मान भी।

नियमित लेखा-जोखा

हर लीडर को अपने वित्तीय रिकॉर्ड का पालन करना चाहिए।

- प्रत्येक बिक्री और खर्च को नोट करें।
- महीने के अंत में तुलना करें—लाभ और हानि।
- समीक्षा के आधार पर अगले महीने की योजना बनाएं।

यह अभ्यास वित्तीय अनुशासन बढ़ाता है और भविष्य की तैयारी करता है।

वित्तीय मानसिकता

सिर्फ पैसा बचाना पर्याप्त नहीं है। लीडर को धन के प्रति सही मानसिकता विकसित करनी चाहिए—

- पैसा संसाधन है, लक्ष्य नहीं।
- खर्च सोच-समझकर करें, बिन योजना के नहीं।
- निवेश से ज्ञान और सुरक्षा दोनों मिलते हैं।

उदाहरण:

यदि कोई लीडर अपनी टीम के लिए प्रशिक्षण और सामग्री पर निवेश करता है, तो वह तुरंत लाभ नहीं दिखता, लेकिन

लंबे समय में टीम की स्थिरता और बिक्री बढ़ती है।

वित्त और अनुशासन

वित्तीय अनुशासन से लीडर का आत्मविश्वास बढ़ता है।

- वह जोखिम सही तरीके से ले पाता है।
- टीम में विश्वास बनाए रखता है।
- व्यवसाय की लंबी अवधि की योजना बना सकता है।

अनुशासन और योजना ही वित्तीय स्वतंत्रता की कुंजी है।

याद रखने योग्य बात

"पैसा कमाना अलग बात है, असली ताकत वित्तीय अनुशासन, योजना और सही निवेश में है।"

अध्याय का सार

वित्त प्रबंधन केवल पैसा बचाने का नाम नहीं है। यह वित्तीय योजना, निवेश, जोखिम प्रबंधन और टीम शिक्षा का संतुलित मिश्रण है। सफल लीडर वही है जो अपने और टीम के वित्त को सुरक्षित, व्यवस्थित और स्थिर बनाए रखता है।

अध्याय का उद्देश्य

लीडर को यह अनुभव साझा करना कि वित्तीय अनुशासन और सही प्रबंधन डायरेक्ट सेलिंग में लंबी और स्थायी सफलता की नींव है।

अध्याय 12

परिवार प्रबंधन

डायरेक्ट सेलिंग में लीडर की सफलता केवल व्यवसायिक दक्षता पर निर्भर नहीं करती। सफलता का एक बड़ा आधार है परिवार और निजी जीवन का संतुलन। यदि लीडर अपने परिवार के साथ तालमेल नहीं रखता, तो मानसिक शांति और प्रेरणा प्रभावित होती है।

परिवार का महत्व

परिवार केवल भावनात्मक सहारा नहीं है, यह मानसिक शक्ति, प्रेरणा और स्थिरता का स्रोत है। यदि परिवार सहयोगी है, तो लीडर कठिन समय में भी आत्मविश्वासी रहता है।

उदाहरण:

एक लीडर सप्ताह के कई दिन ग्राहकों और टीम में व्यस्त रहता है। यदि परिवार समर्थन नहीं देता, तो तनाव बढ़ता है और व्यवसायिक निर्णय प्रभावित होते हैं।

समय देना

परिवार प्रबंधन का पहला नियम है **साथ समय बिताना**। रोजाना कुछ समय बच्चों और जीवनसाथी के लिए निर्धारित करें भोजन, चर्चा और छोटी गतिविधियों में शामिल रहें, व्यवसाय की बातें केवल आवश्यकता पड़ने पर ही साझा करें। यह छोटे-छोटे समय निवेश परिवार के विश्वास और समझ को बढ़ाते हैं।

पारदर्शिता और संचार

लीडर को अपने परिवार के साथ स्पष्ट और ईमानदार संवाद रखना चाहिए। व्यवसाय की गतिविधियों और चुनौतियों को साझा करें। परिवार की राय और सुझाव सुनें, निर्णय लेने से पहले परिवार की प्राथमिकताओं को समझें। इससे परिवार भी लीडर के निर्णय और समय के महत्व को समझता है।

संतुलन बनाना

डायरेक्ट सेलिंग में व्यस्त दिनचर्या होने के बावजूद, लीडर को कार्य और निजी जीवन में संतुलन बनाए रखना चाहिए।

- कार्य समय के भीतर ध्यान केंद्रित करें।
- परिवार के समय में केवल परिवार पर ध्यान दें।
- तकनीकी उपकरण और फोन का समय सीमित करें।

संतुलन बनाए रखने से मानसिक शांति, ऊर्जा और प्रेरणा बनी रहती है।

प्रेरणा और सहयोग

परिवार लीडर के लिए प्रेरणा का स्रोत भी है। बच्चों और जीवनसाथी की प्रेरणा लीडर को कठिन समय में सक्रिय रखती है। परिवार की सराहना और सहयोग व्यवसायिक प्रयासों को मजबूती देता है

उदाहरण:

एक लीडर जब टीम ट्रेनिंग में व्यस्त होता है तो जीवनसाथी द्वारा उसके प्रयासों की सराहना, उसके आत्मविश्वास और प्रेरणा को दोगुना कर देती है।

परिवार की सीमाओं का सम्मान

लीडर को यह समझना चाहिए कि परिवार की भी सीमाएँ होती हैं।

- सभी समय और ऊर्जा केवल व्यवसाय में नहीं लगाएं।
- व्यक्तिगत और पारिवारिक आवश्यकताओं का सम्मान करें।
- समय-समय पर परिवार की प्राथमिकताओं को व्यवसाय के साथ संतुलित करें।

पारिवारिक समर्थन के लिए रणनीति

- परिवार को व्यवसाय की प्रकृति समझाएँ।
- समय-समय पर उन्हें गतिविधियों में शामिल करें।
- महत्वपूर्ण निर्णय पहले परिवार से साझा करें।
- परिवार के सुझावों को गंभीरता से लें।

यह रणनीति परिवार के विश्वास और सहयोग को सुनिश्चित करती है, तभी आप एकाग्र होकर बिजनेस कर पाते हैं।

तनाव प्रबंधन-

परिवार के समर्थन और समय की कमी, लीडर में तनाव और असंतोष पैदा कर सकती है।

- नियमित बातचीत और साझा गतिविधियाँ तनाव कम करती हैं।
- मानसिक स्वास्थ्य और ऊर्जा को बनाए रखने में मदद करती हैं।
- टीम और व्यवसायिक निर्णयों में स्पष्टता लाती हैं।

डायरेक्ट सेलिंग में परिवार केवल सहारा नहीं, बल्कि स्थायी सफलता की नींव है।

अध्याय का सार

परिवार प्रबंधन लीडरशिप का महत्वपूर्ण हिस्सा है। सफल लीडर वही है जो व्यवसायिक और पारिवारिक जिम्मेदारियों के बीच संतुलन बनाए रखता है, और परिवार से समर्थन और प्रेरणा प्राप्त करता है।

अध्याय का उद्देश्य

लीडर को यह साझा करना कि परिवार और निजी जीवन का संतुलन व्यवसायिक स्थिरता, मानसिक शांति और दीर्घकालिक सफलता के लिए अनिवार्य है।

अध्याय 13

मीटिंग प्रबंधन

डायरेक्ट सेलिंग में टीम मीटिंग केवल एक औपचारिक बैठक नहीं होती। यह सूचना साझा करने, टीम को प्रेरित करने और स्पष्ट दिशा देने का सबसे प्रभावी माध्यम है। एक लीडर की मीटिंग प्रबंधन क्षमता ही टीम के प्रदर्शन और जुड़ाव को सीधे प्रभावित करती है।

मीटिंग का स्पष्ट उद्देश्य होना चाहिए

- टीम को दिशा दिखाना।
- प्रगति और समस्याओं पर चर्चा करना।
- नए ज्ञान और प्रशिक्षण साझा करना।
- टीम का मनोबल बढ़ाना।

यदि मीटिंग बिना उद्देश्य के होती है, तो समय का नुकसान होता है और टीम का उत्साह कम होता है। यदि लीडर केवल सामान्य बातें करता है, तो नए सदस्य की रुचि घटती है और अनुभवी सदस्य समय की बर्बादी महसूस करते हैं।

समय का प्रबंधन

मीटिंग के लिए समय निर्धारित करना जरूरी है।

- शुरू होने और खत्म होने का समय तय करें।
- मीटिंग को लंबा न खींचें।
- प्रत्येक सदस्य को समय देने का प्रयास करें।

समय पर समाप्त होने वाली मीटिंग टीम का विश्वास और -

अनुशासन बढ़ाती है।

एजेंडा तैयार करना

लीडर को मीटिंग से पहले एजेंडा तैयार करना चाहिए।

- मुख्य विषय और लक्ष्य लिखें।
- महत्वपूर्ण बिंदुओं को क्रमबद्ध करें।
- चर्चा के लिए समय सीमा तय करें।

एजेंडा से मीटिंग व्यवस्थित रहती है और टीम के लिए फोकस स्पष्ट होता है।

भागीदारी और संवाद

एक प्रभावी मीटिंग में लीडर तो बोलें ही बोलें लेकिन अन्य टीम साथी भी अपनी राय और अनुभव साझा करें ऐसी प्लानिंग रखें।

- प्रश्न पूछें और उत्तर दें।
- सुझाव और अनुभव सुनें।
- नई रणनीतियों पर चर्चा करें।

इस तरह मीटिंग एक रुचिकर और प्रेरक अनुभव बनती है।

समस्याओं का समाधान

मीटिंग का एक महत्वपूर्ण हिस्सा है, समस्याओं का विश्लेषण और समाधान।

- टीम के सामने आने वाली बाधाओं को समझें।
- उनके समाधान के लिए रणनीति साझा करें।
- टीम को निर्णय प्रक्रिया में शामिल करें।

उदाहरण:

यदि किसी सदस्य की बिक्री कम है, तो केवल आलोचना न करें, बल्कि कारण समझें और सुधार के उपाय सुझाएँ।

प्रेरणा देना

लीडर की मीटिंग में टीम को प्रेरित करना बहुत आवश्यक है।

- छोटे-छोटे सफलता की कहानियाँ साझा करें।
- टीम के प्रयासों की सराहना करें।
- सकारात्मक और उत्साहजनक भाषा का प्रयोग करें।

इससे टीम में विश्वास और उत्साह बना रहता है।

फॉलो-अप

मीटिंग के बाद लीडर को फॉलो-अप करना चाहिए।

- तय कार्यों की समीक्षा करें।

- समय-सीमा और जिम्मेदारियां याद दिलाएँ।
- टीम के सवालों और शंकाओं का समाधान करें।

फॉलो-अप से टीम का प्रदर्शन लगातार सुधरता है।

रिकॉर्ड और समीक्षा

लीडर को मीटिंग का रिकॉर्ड रखना चाहिए।

- चर्चा किए गए विषयों और निर्णयों को नोट करें।
- प्रत्येक सदस्य की प्रगति की समीक्षा करें।
- अगली मीटिंग में इन बिंदुओं पर चर्चा करें।

रिकॉर्ड रखने से टीम में पारदर्शिता और अनुशासन बढ़ता है। डायरेक्ट सेलिंग में मीटिंग केवल बातों का आदान-प्रदान नहीं, बल्कि टीम को दिशा, विश्वास और प्रेरणा देने का माध्यम है।

अध्याय का सार

मीटिंग प्रबंधन का उद्देश्य टीम को स्पष्ट दिशा, संवाद और प्रेरणा प्रदान करना है। एक व्यवस्थित और रुचिकर मीटिंग टीम के प्रदर्शन और जुड़ाव को बढ़ाती है।

अध्याय का उद्देश्य

लीडर को यह साझा करना कि संगठित, रुचिकर और प्रेरक

मीटिंग ही टीम की स्थायी सफलता की कुंजी है।

अध्याय 14

टीम प्रबंधन

डायरेक्ट सेलिंग में टीम प्रबंधन किसी भी लीडर की सफलता का सबसे बड़ा आधार है। सिर्फ़ व्यक्तिगत प्रयास से सीमित सफलता मिल सकती है, लेकिन टीम के साथ **सही तालमेल और समन्वय** से ही स्थायी और व्यापक सफलता हासिल होती है।

टीम प्रबंधन का महत्व

लीडर का काम केवल नए सदस्य जोड़ना या प्लान दिखाना नहीं है। यह टीम को संगठित करना, प्रेरित करना और उनका प्रदर्शन बढ़ाना है।

- टीम में सही भूमिका और जिम्मेदारी तय करना।
- सदस्यों की ताकत और कमजोरियों को समझना।
- समय पर मार्गदर्शन और समर्थन देना।

सभी लीडर यह समझते हैं कि टीम का प्रदर्शन ही उनका व्यवसायिक विस्तार तय करता है।

सही टीम बनाना

टीम का निर्माण केवल संख्या बढ़ाने का काम नहीं है।

- ऐसे सदस्य चुनें जो सीखने की इच्छा रखते हों।
- सकारात्मक सोच वाले सदस्य जोड़ें।
- जिम्मेदारी निभाने और प्रयास करने वाले लोग टीम में शामिल हों।

उदाहरण:

यदि टीम में केवल “आसान बिक्री वाले लोग” हों, तो कठिन चुनौती आने पर टीम टूट सकती है। सही सदस्य चुनकर लीडर जोखिम कम करता है, और टीम की स्थिरता बढ़ाता है।

भूमिका और जिम्मेदारी तय करना

हर टीम सदस्य की क्षमता के अनुसार भूमिका और जिम्मेदारी तय करनी चाहिए।

- बिक्री करने वाले।
- नए सदस्य जोड़ने वाले।
- प्रशिक्षण और फॉलो-अप करने वाले।

जिम्मेदारी स्पष्ट होने से सदस्य अपने कार्य में फोकस बनाए रखते हैं।

प्रेरणा और मार्गदर्शन

टीम को लगातार प्रेरित और मार्गदर्शन देना आवश्यक है।

- सदस्य के छोटे-छोटे प्रयास की सराहना करें।
- समय-समय पर व्यक्तिगत बैठक और सलाह दें।
- चुनौतीपूर्ण समय में धैर्य और सहयोग दिखाएँ।

इससे टीम में विश्वास और उत्साह बना रहता है।

टीम की समस्याओं का समाधान

लीडर को टीम की समस्याओं को सुनना और उनका समाधान करना चाहिए।

- बिक्री में कमी, सदस्य का मनोबल कम होना, या टीम में विचारों का अनबन।
- समाधान के लिए रणनीति सुझाएँ और समर्थन दें।
- समस्या को नजरअंदाज न करें।

उदाहरण:

यदि किसी सदस्य की बिक्री कमजोर है, तो आलोचना न करें। कारण समझें और अभ्यास, मार्गदर्शन और फॉलो-अप दें।

डुप्लिकेशन और प्रशिक्षण

टीम प्रबंधन का एक प्रमुख हिस्सा है डुप्लिकेशन और प्रशिक्षण।

- नए सदस्य को प्रशिक्षण दें।
- अनुभवी सदस्य को जिम्मेदारी दें कि वे नए लोगों को सिखाएँ।
- सफलता के तरीके साझा करें।

इससे टीम का विस्तार और स्थायित्व दोनों बढ़ते हैं।

सकारात्मक वातावरण

टीम प्रबंधन में सकारात्मक वातावरण बनाए रखना महत्वपूर्ण है।

- नकारात्मकता और आलोचना से बचें।
- प्रोत्साहन, सराहना और सहयोग दें।
- टीम में उत्साह और आत्मविश्वास बढ़ाएँ।

उदाहरण:

टीम मीटिंग में केवल समस्याओं की चर्चा करने की बजाय, छोटी सफलताओं और अनुभव साझा करें। इससे टीम में सकारात्मक ऊर्जा बनी रहती है।

समय और संसाधन का सही उपयोग

लीडर को टीम के समय और संसाधनों का सही प्रबंधन करना चाहिए।

- प्रत्येक सदस्य का समय और ऊर्जा महत्वपूर्ण है।
- गैर-जरूरी कार्यों में समय बर्बाद न करें।
- सही संसाधनों के साथ सही व्यक्ति को कार्य दें।

इससे टीम की उत्पादकता और सफलता दोनों बढ़ती हैं।

अध्याय का सार

टीम प्रबंधन में सही सदस्य चुनना, भूमिका तय करना, प्रेरणा

देना, प्रशिक्षण और सकारात्मक वातावरण बनाए रखना आवश्यक है। सफल लीडर वही है जो टीम को संगठित, प्रेरित और स्थिर बनाए रखता है।

अध्याय का उद्देश्य

लीडर को यह समझाना कि टीम प्रबंधन ही डायरेक्ट सेलिंग में स्थायी और व्यापक सफलता की कुंजी है।

अध्याय 15

संबंधों की ताकत

डायरेक्ट सेलिंग में लीडरशिप केवल प्रक्रिया, योजना और टीम प्रबंधन तक सीमित नहीं है। सफलता का एक बड़ा आधार है **संबंधों की गुणवत्ता**। संबंधों से ही विश्वास बनता है, विश्वास से ही टीम स्थिर रहती है, और स्थिर टीम से ही दीर्घकालिक सफलता सुनिश्चित होती है।

संबंध क्यों महत्वपूर्ण हैं

लीडर के संबंध केवल व्यक्तिगत मित्रता नहीं हैं। यह व्यवसायिक विश्वास, सम्मान और सहयोग के स्तंभ हैं।

- टीम सदस्यों के साथ भरोसेमंद संबंध।
- ग्राहकों के साथ ईमानदारी और विश्वास।
- सीनियर और कोर साथियों के साथ सकारात्मक संबंध।

संबंध मजबूत होने पर कठिनाइयाँ आसान लगती हैं, टीम में जुड़ाव बढ़ता है और बिजनेस में निरंतरता आती है।

उदाहरण:

यदि कोई नया टीम साथी लीडर के प्रति विश्वास रखता है, तो नए प्रोडक्ट या प्लान या किसी प्लानिंग में भी वह सहजता से अपना योगदान देने लगता है।

टीम में व्यवहार बनाना

टीम सदस्यों के साथ व्यवहार बनाना और बनाए रखना -

आवश्यक है।

- व्यक्तिगत रुचियों और उपलब्धियों में दिलचस्पी दिखाएँ।
- नियमित संपर्क और संवाद बनाए रखें।
- समर्थन और मार्गदर्शन दें।

इससे सदस्य लीडर के साथ सुरक्षित महसूस करते हैं और उनकी मेहनत अधिक परिणाम देती है।

ग्राहक संबंध

ग्राहक केवल बिक्री का माध्यम नहीं हैं। वे संबंध और विश्वास के केंद्र हैं।

- ईमानदारी से उत्पाद और प्रक्रिया समझाएँ।
- समय पर सेवा और सहायता प्रदान करें।
- छोटे-छोटे अनुभव साझा करें और सकारात्मक संवाद बनाएं।

संबंध बनाए रखने से ग्राहक केवल खरीदार नहीं रहते, बल्कि लीडर और टीम के लिए स्थायी समर्थन बन जाते हैं।

सीनियर अपलाइन के साथ संबंध

लीडर के लिए सीनियर अपलाइन के साथ मजबूत संबंध बनाए रखना भी जरूरी है।

- उनके अनुभव और सुझाव सुनें।
- मार्गदर्शन के लिए संपर्क में रहें।
- सीखने और सुधारने का दृष्टिकोण अपनाएँ।

इससे लीडर का दृष्टिकोण व्यापक और संतुलित बनता है।

सम्मान और ईमानदारी

संबंधों में सबसे अहम है सम्मान और ईमानदारी।

- झूठ या अतिशयोक्ति से बचें।
- हमेशा सही जानकारी दें।
- टीम और ग्राहकों के निर्णय का सम्मान करें।

उदाहरण:

यदि कोई सदस्य गलती करता है, तो आलोचना करने की बजाय उसे सही बात बताएं और सुधार में मदद करें। इससे संबंध मजबूत रहते हैं और टीम का आत्मविश्वास बढ़ता है।

नेटवर्किंग और संपर्क

लीडर को अपने पेशेवर नेटवर्क को बनाए रखना चाहिए।

- पुराने और नए संपर्कों के साथ समय-समय पर संवाद करें।
- नए अवसरों की जानकारी साझा करें।
- संबंधों में नियमितता बनाए रखें।

नेटवर्किंग से न केवल अवसर बढ़ते हैं, बल्कि लीडर का सम्मान और प्रभाव भी बढ़ता है।

समस्या सुलझाने में संबंध

संबंध मजबूत होने पर समस्या का समाधान आसान होता है।

- किसी विवाद या असहमति में सम्मानपूर्वक चर्चा करें।
- सहयोग और समाधान खोजने की दिशा में टीम को प्रोत्साहित करें।
- विवाद को व्यक्तिगत नहीं, व्यवसायिक दृष्टिकोण से देखें।

संबंधों की ताकत से टीम संकट में भी एकजुट रहती है।

अध्याय का सार

संबंधों की ताकत ही लीडरशिप का अंतिम आधार है। सफल लीडर वही है जो टीम, ग्राहक और सीनियर अपलाइन के साथ मजबूत, ईमानदार और सम्मानजनक संबंध बनाए रखता है।

अध्याय का उद्देश्य

लीडर को यह साझा करना कि मजबूत और विश्वासपूर्ण संबंध ही डायरेक्ट सेलिंग में दीर्घकालिक सफलता और स्थायित्व सुनिश्चित करते हैं।

प्रेरणा व सबक

"अनुभव से बड़ी कोई शिक्षा नहीं, और सीख से बड़ा कोई धन नहीं।"

प्रेरणा

डायरेक्ट सेलिंग में प्रेरणा केवल मोटिवेशनल शब्दों तक सीमित नहीं है। यह वह **अंदरूनी ऊर्जा और दृढ़ता** है जो कठिन समय में भी लीडर और टीम को आगे बढ़ाती है। सफलता की यात्रा में अक्सर उतार-चढ़ाव आते हैं। कुछ महीने बेहतरीन होते हैं, तो कुछ महीनों में मुश्किलें सामने आती हैं। ऐसे समय में लीडर का मनोबल और प्रेरणा टीम की स्थिरता तय करती है।

प्रेरणा के स्रोत

1. स्वयं का उद्देश्य

प्रत्येक लीडर को स्पष्ट रूप से पता होना चाहिए कि वह डायरेक्ट सेलिंग क्यों कर रहा है।

उदाहरण: किसी लीडर का उद्देश्य अपने परिवार को आर्थिक सुरक्षा देना हो सकता है।

2. टीम की सफलता

टीम के छोटे-छोटे प्रयासों और सफलताओं को देखना प्रेरणा देता है।

उदाहरण: नया सदस्य पहली बिक्री करता है, और उसका उत्साह पूरी टीम को प्रेरित करता है।

3. अनुभव और सीख

पिछली असफलताओं से सीखा गया ज्ञान भविष्य में सफलता दिलाता है।

उदाहरण: किसी अभियान में कमी आई, तो सुधार और तैयारी से अगले प्रयास में परिणाम बेहतर आए।

प्रेरणा बनाए रखने के तरीके

- सकारात्मक सोच अपनाएँ।
- छोटी सफलताओं को साझा करें।
- टीम के प्रयासों की सराहना करें।
- समय-समय पर प्रेरक कहानियाँ और अनुभव साझा करें।

उदाहरण: यदि किसी सदस्य ने कठिन बिक्री पूरी की, तो लीडर उसे मीटिंग में सराहे और पूरा टीम उत्साहित हो जाए। इस तरह छोटे-छोटे प्रेरक क्षण बड़ी सफलता की नींव बनते हैं।

आत्म-प्रेरणा और अनुशासन

लीडर को स्वयं प्रेरित रहना आना चाहिए।

- व्यक्तिगत लक्ष्य तय करें।
- रोजाना कार्य योजना बनाएं।

- चुनौतियों के सामने धैर्य और आत्म-विश्वास बनाए रखें।

इससे टीम को भी लीडर की ऊर्जा और अनुशासन दिखाई देता है।

प्रेरणा का सार

प्रेरणा किसी भी लीडर की सबसे बड़ी ताकत है। यह आत्म-विश्वास, टीम का मनोबल और व्यवसाय की दिशा निर्धारित करती है।

उद्देश्य

लीडर और टीम को यह स्पष्ट कराना कि प्रेरणा बनाए रखना और दूसरों को प्रेरित करना डायरेक्ट सेलिंग में दीर्घकालिक सफलता की कुंजी है।

सबक

असफलता से डरना नहीं

हर असफल प्रयास अनुभव और सीख देता है।

उदाहरण: यदि किसी सदस्य ने बिक्री नहीं की, तो लीडर उसे सिखाकर अगले प्रयास के लिए तैयार करता है।

धैर्य और निरंतरता

सफलता रातों-रात नहीं मिलती। लीडर और टीम को लगातार प्रयास करना चाहिए।

उदाहरण: शुरुआती महीनों में धीमी रिजल्ट, लेकिन लगातार प्रयास से स्थायी परिणाम।

सही दृष्टिकोण और अनुशासन

व्यापार में सही प्रक्रिया अपनाना आवश्यक है।

उदाहरण: बिना योजना और अनुशासन के कोई भी अभियान सफल नहीं हो सकता।

टीमवर्क का मूल्य-

अकेले प्रयास सीमित हैं, टीम का साथ व सहभागिता सफलता की कुंजी है।

उदाहरण: सदस्य की सफलता पूरी टीम को लाभ देती है।

संबंधों की शक्ति

ग्राहक, टीम और सीनियर अपलाइन के साथ मजबूत संबंध बनाए रखना आवश्यक है।

आत्म-विश्वास और मानसिक शक्ति

स्वयं पर विश्वास रखने वाला लीडर कठिनाइयों में भी निर्णय ले सकता है।

याद रखने योग्य पंक्ति

"अनुभव से बड़ी कोई शिक्षा नहीं, और सीख से बड़ा कोई धन नहीं।"

उद्देश्य

लीडर और टीम को यह स्पष्ट कराना कि जीवन के अनुभव और सीख ही दीर्घकालिक सफलता, स्थायित्व और व्यक्तिगत विकास की नींव है।

www.ingramcontent.com/pod-product-compliance
Lightning Source LLC
LaVergne TN
LVHW100309210926
848480LV00003B/1071
9798904794804